Christoph Rampetsreiter

E-Health in der biomedizinischen Analytik

Ein Grobkonzept für die elektronische Übertragung von Labordaten

disserta Verlag

Rampetsreiter, Christoph: E-Health in der biomedizinischen Analytik: Ein Grobkonzept
für die elektronische Übertragung von Labordaten, disserta Verlag, 2012

ISBN: 978-3-95425-090-5
Druck: disserta Verlag, Hamburg, 2012
Covermotiv: © Uladzimir Bakunovich – Fotolia.com

Bibliografische Information der Deutschen Nationalbibliothek:
Die Deutsche Nationalbibliothek verzeichnet diese Publikation in der Deutschen
Nationalbibliografie; detaillierte bibliografische Daten sind im Internet über
http://dnb.d-nb.de abrufbar.

Die digitale Ausgabe (eBook-Ausgabe) dieses Titels trägt die ISBN 978-3-95425-091-2
und kann über den Handel oder den Verlag bezogen werden.

Dieses Werk ist urheberrechtlich geschützt. Die dadurch begründeten Rechte,
insbesondere die der Übersetzung, des Nachdrucks, des Vortrags, der Entnahme von
Abbildungen und Tabellen, der Funksendung, der Mikroverfilmung oder der
Vervielfältigung auf anderen Wegen und der Speicherung in Datenverarbeitungsanlagen,
bleiben, auch bei nur auszugsweiser Verwertung, vorbehalten. Eine Vervielfältigung
dieses Werkes oder von Teilen dieses Werkes ist auch im Einzelfall nur in den Grenzen
der gesetzlichen Bestimmungen des Urheberrechtsgesetzes der Bundesrepublik
Deutschland in der jeweils geltenden Fassung zulässig. Sie ist grundsätzlich
vergütungspflichtig. Zuwiderhandlungen unterliegen den Strafbestimmungen des
Urheberrechtes.

Die Wiedergabe von Gebrauchsnamen, Handelsnamen, Warenbezeichnungen usw. in
diesem Werk berechtigt auch ohne besondere Kennzeichnung nicht zu der Annahme,
dass solche Namen im Sinne der Warenzeichen- und Markenschutz-Gesetzgebung als frei
zu betrachten wären und daher von jedermann benutzt werden dürften.

Die Informationen in diesem Werk wurden mit Sorgfalt erarbeitet. Dennoch können
Fehler nicht vollständig ausgeschlossen werden und der Verlag, die Autoren oder
Übersetzer übernehmen keine juristische Verantwortung oder irgendeine Haftung für evtl.
verbliebene fehlerhafte Angaben und deren Folgen.

© disserta Verlag, ein Imprint der Diplomica Verlag GmbH
http://www.disserta-verlag.de, Hamburg 2012
Hergestellt in Deutschland

Inhaltsverzeichnis

ABBILDUNGSVERZEICHNIS 10
TABELLENVERZEICHNIS 11
ABKÜRZUNGSVERZEICHNIS / GLOSSAR 12
KURZFASSUNG 14
EXECUTIVE SUMMARY 16

1	**EINLEITUNG**	**19**
1.1	Problemstellung und Relevanz der Thematik	19
1.2	Zielsetzung	23
1.2.1	Forschungsfrage	23
1.2.2	Methodik	24
1.3	Aufbau und Struktur	25
1.4	Anmerkung	26
2	**GRUNDLAGEN**	**27**
2.1	Krankenhausinformationssysteme	27
2.1.1	Was ist ein KIS	27
2.1.2	Systemlandschaft im Krankenhaus	28
2.1.3	Ziele und Nutzen eines KIS	32
2.2	Die biomedizinische Analytik	33
2.2.1	Biomedizinische Analytik im Krankenhaus	33
2.2.2	Phasen der Diagnostik	34
2.2.3	Laborbefunde	37
3	**E-HEALTH IN DER ANALYTIK**	**41**
3.1	Definition - Electronic Health	41
3.2	Ziele von E-Health	45
3.3	E-Health in Österreich	48
3.3.1	Ziele E-Health Österreich	48
3.3.2	Österreichische E-Health Initiativen	49
3.4	Bereiche von E-Health	53
3.4.1	Säule „Inhalt"	55

3.4.2	Säule „Geschäft"	56
3.4.3	Säule „Anwendung"	57
3.4.4	Säule „Vernetzung"	59
3.5	**Elektronische Gesundheitsakte**	**60**
3.5.1	ELGA Österreich	65
3.5.2	ELGA-Kernanwendungen	66
3.5.3	E-Analytik	68
3.6	**Rahmenbedingungen von E-Health**	**73**
3.6.1	Gesetzliche Anforderungen	74
3.6.2	Interoperabilität	78
3.6.3	E-Health Standards der Datenübertragung	83
3.7	**Nutzen und Risiken der E-Analytik**	**98**
3.7.1	Vorteile und Nutzen	98
3.7.2	Nachteile und Risiken	100
3.7.3	Kritische Erfolgsfaktoren	101
4	**EXPERTENINTERVIEWS**	**103**
4.1	**Methodik**	**103**
4.2	**Interviewleitfaden**	**104**
4.3	**Die Experten**	**105**
4.4	**Fallübergreifende Schwerpunkt-Matrix**	**105**
4.5	**Interpretation der empirischen Erhebungen**	**107**
4.5.1	Probleme und potentielle Fehler	107
4.5.2	Vorteile und Nutzen	109
4.5.3	Rahmenbedingungen und kritische Erfolgsfaktoren	110
5	**GROBKONZEPT DER LABORDATENÜBERTRAGUNG**	**113**
5.1	**Theoretische Implikation der empirischen Ergebnisse**	**114**
5.1.1	Probleme und potentielle Fehler	115
5.1.2	Vorteile und Nutzen	117
5.1.3	Rahmenbedingungen und kritische Erfolgsfaktoren	118
5.1.4	Resümee	119
5.2	**Grobkonzept**	**120**
5.2.1	Prozessebene	121

5.2.2	Semantische Ebene	125
5.2.3	Technische Ebene	127
5.3	**Nutzen und Vorteile**	**129**
6	**FAZIT UND AUSBLICK**	**133**
7	**LITERATURVERZEICHNIS**	**135**

ANHANG - TRANSKRIBIERTE EXPERTENINTERVIEWS	**147**
Experteninterview 1 – Experte 1	147
Experteninterview 2 – Experte 2	150
Experteninterview 3 – Experte 3	154
Experteninterview 4 – Experte 4	159
Experteninterview 5 – Experte 5	165
Experteninterview 6 – Experte 6	168
Experteninterview 7 – Experte 7	172

Abbildungsverzeichnis

Abbildung 1: Durchschnittliche Ausgaben der EU Länder in Prozent des BIP 2008 20
Abbildung 2: Einflussfaktoren bei Fehlern in der Diagnose 22
Abbildung 3: Schweregrad der diagnostischen Fehler 22
Abbildung 4: Grafische Darstellung angewandter Methoden 25
Abbildung 5: Bereiche des Krankenhausinformationssystems 29
Abbildung 6: Heterogene Krankenhaus IT Architektur 30
Abbildung 7: 3-Ebenen-Modell 31
Abbildung 8: Flussdiagramm der Erstellung klinisch-chemischer Befunde 34
Abbildung 9: Phasen des diagnostischen Prozesses 34
Abbildung 10: KIS Befundausdruck 36
Abbildung 11: Laborinstrument Cobas 6000 38
Abbildung 12: Grundlagen für die Implementierung von E-Health 47
Abbildung 13: 4 Säulen von E-Health 54
Abbildung 14: Österreichische und europäische Krankenversicherungskarte 58
Abbildung 15: Projektphasen elektronischer Gesundheitsakten in Europa 62
Abbildung 16: Übersicht der ELGA Kernanwendungen 66
Abbildung 17: ELGA Basisarchitektur mit Fokus E-Analytik 69
Abbildung 18: Hierarchische Sicht auf die elektronische Gesundheitsakte 71
Abbildung 19: Technische Interoperabilität zwischen heterogenen KIS 81
Abbildung 20: Standards der österreichischen ELGA 84
Abbildung 21: Health Level 7 - RIM Model 90
Abbildung 22: CDA Struktur 91
Abbildung 23: IHE XDS - Anwender und Transaktionen 94
Abbildung 24: ebXML Architektur 96
Abbildung 25: Nutzen der E-Analytik 98
Abbildung 26: Struktur des Grobkonzeptes 114
Abbildung 27: Vernetzte Schwerpunkte 115
Abbildung 28: Präanalytischer Soll-Prozess 122
Abbildung 29: Greiner Barcode System 123
Abbildung 30: Analytischer Soll-Prozess 124
Abbildung 31: Ausschnitt eines Laborbefundes mittels CDA 127
Abbildung 32: Syntaktische Ebene 128

Tabellenverzeichnis

Tabelle 1: Anwendungen von Laborbefunden 37
Tabelle 2: Schwerpunkte der EHI 51
Tabelle 3: Entwicklungsstufen der elektronischen Gesundheitsakte 61
Tabelle 4: Kernbereiche nationaler E-Health Aktivitäten in den 27 EU-Ländern 63
Tabelle 5: ELGA Basiskomponenten für die E-Analytik 72
Tabelle 6: Fallübergreifende Schwerpunkt-Matrix 106

Abkürzungsverzeichnis / Glossar

ADL	Archetype Definition Language
ARGE	Arbeitsgemeinschaft
ATNA	Audit Trail and Node Authentification
BIP	Bruttoinlandsprodukt
BMA	Biomedizinische AnalytikerIn
BPPC	Basic Patient Privacy Consents
CCTS	Core Components Technical Specification
CDA	Clinical Document Architecture
CEN	Comité Européen de Normalisation
CLSI	Clinical and Laboratory Standards Institute
CPA	Collaboration Protocol Agreement
CPP	Collaboration Protocol Profile
DSG 2000	Datenschutzgesetz 2000
EDIFACT	Electronic Data Interchange For Administration, Commerce and Transport
ebXML	Electronic Business using XML
E-Health	Elektronische Gesundheitsdienste
ELGA	Elektronische Gesundheitsakte
et al.	et alii (und andere Autoren)
etc.	Et cetera
EPA	Elektronische Patientenakte
epSOS	Smart Open Services for European Patients
EU	Europäische Union
f.	folgende (Seite)
ff.	fortfolgende (Seiten)
FTP	File Transfer Protocol
GDA	Gesundheitsdiensteanbieter
GDP	Gross Domestic Product
GEHR	Good European Health Record
GTelG	Gesundheitstelematikgesetz
HIS	Hospital Information System
HIT	Health IT Initiative
HL7	Health Level 7

Hrsg.		Herausgeber
HTTP		Hypertext Transfer Protocol
ICD		International Classification of Diseases
IHE		Integrating the Healthcare Enterprise
IKT		Informations- und Kommunikationstechnologie
ISO		International Organization for Standardization
IT		Informationstechnologie
KIS		Krankenhausinformationssystem
LIS		Laborinformationssystem
LOINC		Logical Observation Identifiers Names and Co
MAGDA-LENA		Medizinischer und administrativer Datenaustausch – Logisches Netzwerk AUSTRIA
MMC		Maine Medical Center
NHS		National Health Service
NPO		Nonprofit-Organization
OECD		Organization for Economic Co-operation and Development
ONC		Office of the National Coordinator for Health Information Technology
openEHR		Offene elektronische Gesundheitsakte
OSI		Open Systems Integration
p.a.		per anno
PDQ		Patient Demographics Query
PIX		Patient Identifier Cross-Referencing
RFID		Radio Frequency Identification Chips
RIM		Reference Information Model
STRING		Standards und Richtlinien für den Informatikeinsatz im österreichischen Gesundheitswesen
u.a.		unter anderem
UN/CEFACT		United Nations Centre for Trade Facilitation and Electronic Business
USA		United States of America
VPN		Virtual Private Network
WTO		World Trade Organization
XDS		Cross Enterprise Document Sharing
XML		Extensible Markup Language
3LGM		Three-layer graph-based metamodel

Kurzfassung

Informations- und Kommunikationstechnologien nehmen einen wesentlichen Einfluss auf unser Leben und machen auch vor dem Gesundheitswesen nicht Halt. Durch die zunehmenden technischen Möglichkeiten in der Medizin und einer älter werdenden Gesellschaft, steigen weltweit die Kosten in diesem Bereich an. Den größten Kostenanteil tragen dabei die Behandlungen in den Krankenhäusern. Durch E-Health Initiativen auf nationaler und internationaler Ebene sollen die Behandlungen im Gesundheitswesen effizienter gestaltet werden. Damit sollen die Kosten gesenkt und gleichzeitig eine qualitativ hochwertige Patientenversorgung gesichert werden. Die Verfügbarkeit von relevanten Patientendaten, zur richtigen Zeit und am richtigen Ort, wird für den diagnostischen Prozess aufgrund der steigenden Mobilität der Bürger, die freie Arztwahl sowie einer zunehmenden Spezialisierung der Gesundheitsdiensteanbieter immer wichtiger. Sind jene Daten, welche oftmals aus der Analytik stammen vorhanden, können Mehrfachuntersuchungen vermieden und Behandlungszeiten verkürzt werden.

Um eine solche Datenverfügbarkeit zu erreichen, müssen die analytischen Daten elektronisch zwischen den Informationssystemen übertragen werden. Aufgrund einer heterogenen Systemlandschaft und die unterschiedlichen Möglichkeiten in der Datenübertragung, stellt dies eine große Herausforderung dar. Hinzu kommen die Datensicherheit und der Datenschutz, welche aufgrund der sensiblen Daten eine berechtigte Rolle einnehmen.

In diesem Buch werden dem Leser Grundlagen zur biomedizinischen Analytik und den daraus resultierenden Labordaten vermittelt. Zudem werden Nutzen und Funktionen von Krankenhausinformationssystemen beschrieben und wie Datenübertragungen über jene Systeme momentan funktionieren. Den theoretischen Schwerpunkt, mit Fokus auf die Übertragung analytischer Daten, nimmt das Thema E-Health ein. Für den empirischen Teil des Buches wurden Experten aus dem Bereich E-Health befragt. Die gewonnenen Erkenntnisse in Bezug auf die elektronische Übertragung von Labordaten, werden anschließend der Theorie gegenübergestellt und systematisiert. Die daraus gewonnenen Erkenntnisse werden in ein Grobkonzept übertragen, um damit eine gerichtete elektronische Übertragung von Labordaten zwischen Krankenhausinformationssystemen zu beschreiben.

Das Ergebnis dieses Werkes zeigt schlussendlich, wie eine gerichtete Datenübertragung von Labordaten funktionieren kann. Im Zuge des Grobkonzeptes werden E-Health Lösungen für die Probleme des diagnostischen Prozesses, insbesondere der Präanalytik, präsentiert. Insbesondere ein durchgängig elektronischer Informationsfluss, in Kombination mit Produkten wie vorbarcodierten Probenröhrchen, ermöglicht eine Verbesserung der Effizienz und der Sicherheit und erlaubt gleichzeitig eine Senkung der Kosten im Gesundheitswesen.

Executive Summary

Information and communication technologies have a major influence on our lives and healthcare is certainly no exception. Due to the increasing technical possibilities in medicine and constantly ageing society, the costs in this area continue to rise worldwide. The largest share of these increasing costs is caused by hospital treatments. Healthcare treatments at national and international levels need to become more efficient by introducing E-health initiatives. This should cut costs whilst simultaneously ensuring high quality patient care. The availability of relevant patient information at the right time and right place are becoming increasingly important for the diagnostic process because of the increasing mobility of citizens, free choice of doctors and the increasing specialization of health services providers. Due to existing data, which is often derived from analytics, multiple medical examinations can be avoided while treatment times are shortened.

To achieve this kind of data availability, the analytical data has to be transmitted electronically between the information systems. This poses a major challenge, due to heterogeneous system topography and different types of data transmission. In addition there is data security and data privacy, which take a legitimate role because of the sensitive nature of the data.

This book give the reader information about basic biomedical analysis and the resulting laboratory data. Furthermore the benefits and functions of hospital information systems will be described and how data transmissions currently work on those systems. The theoretical focus is on the issue of E-Health, with the emphasis on the transfer of analytical data. Experts in the field of E-Health were interviewed in an empirical part. The knowledge gained from those interviews, in relation to the electronic transmission of laboratory data, are compared with the theory and finally systematized. The knowledge gained is transferred to a basic concept, with the aim of describing a focused electronic transfer of laboratory data between hospital information systems.

The conclusion of this work shows how a focused data transmission of laboratory data can work. In the course of the basic concept, a presentation of E-Health solutions, especially for the pre-analytical phase, is given. Improved efficiency and safety as well simultaneously reduction of costs in health care can be achieved by working with a continuous electronic information flow, in combination with products such as pre-barcoded sample tubes.

1 Einleitung

„Gesundheit ist nicht Alles, aber ohne Gesundheit ist Alles Nichts."
(A. Schopenhauer)

Das Thema Gesundheit nimmt mit dem demografischen Wandel einer immer älter werdenden Gesellschaft stetig an Bedeutung zu.[1] Sich auf ein funktionierendes und gut ausgebautes Gesundheitssystem verlassen zu können, stellt dabei für viele Menschen eine Selbstverständlichkeit dar.

Mit dem zunehmenden Angebot an Dienstleistungen im Gesundheitswesen[2], der steigenden Mobilität aller Gesellschaftsschichten und einer damit einhergehenden Autonomie der freien Arztwahl[3], wird es für den Gesundheitsdiensteanbieter (GDA) immer wichtiger, relevante Informationen zur Verfügung zu haben. Nur damit kann eine qualitativ hochwertige und durchgängige Gesundheitsversorgung sichergestellt werden.

1.1 Problemstellung und Relevanz der Thematik

Die Informations- und Kommunikationstechnologien (IKT) nehmen immer stärkeren Einfluss auf unser Leben. Auch vor dem Gesundheitswesen haben diese Technologien nicht Halt gemacht. Mit den neuen Möglichkeiten in der Medizin und der älter werdenden Gesellschaft, steigen die Kosten im Gesundheitswesen laufend an.[4]

Grund dafür sind unter anderem die zu geringe Transparenz und Datenverfügbarkeit sowie Schnittstellenprobleme zwischen den Gesundheitsdiensteanbietern, welche die Gefahr einer weniger effizienten Behandlung bergen. Diese Bereiche wirken sich negativ auf die Behandlungszeiten und damit wiederum auf die Kosten aus. Weiters

---

[1] Vgl. URL: http://www.z-punkt.de/fileadmin/be_user/D_Publikationen/D_Arbeitspapiere/Die_20_wichtigsten_Megatrends_x.pdf [Stand: 14.03.2011]
[2] Vgl. Herbig/Ammenwerth, 2006, S. 53.
[3] Vgl. URL: http://www.aerzteblatt.de/v4/archiv/artikel.asp?src=heft&id=80141 [Stand: 14.03.2011]
[4] Vgl. URL: http://www.statistik.at/web_de/static/gesundheitsausgaben_in_oesterreich_laut_system_of_health_accounts_oecd_199_019701.pdf [Stand: 14.03.2011].

kommt es zu redundanten Tätigkeiten, welche ebenfalls zu erhöhten Kosten führen können.[5]

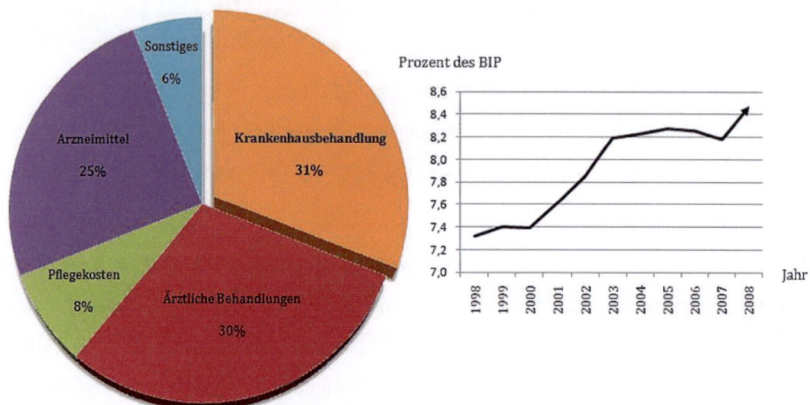

Abbildung 1: Durchschnittliche Ausgaben der EU Länder in Prozent des BIP 2008[6]

Wie in der Abbildung 1 ersichtlich ist, steigen die Gesundheitsausgaben kontinuierlich an. In diesem Fall werden die durchschnittlichen Ausgaben in Prozent des Bruttoinlandsproduktes (BIP) der EU Länder als Beispiel herangezogen. Zudem ist in der Grafik ersichtlich, wo die Kosten im Gesundheitswesen entstehen und die Krankenhäuser mit 31 Prozent den größten Anteil an den Kosten verursachen.[7] Der Kostenanstieg lässt sich unter anderem auch durch folgende Faktoren erklären:

- Älter werdende Gesellschaft
- Medizinischer und technischer Fortschritt
- Kostenanstieg in den Krankenhäusern
- Steigende Verwaltungskosten
- Steigendes Gesundheitsbewusstsein[8]

Da der Kostenanstieg einen Großteil der europäischen Länder betrifft, hat die europäische Union mit dem EU-Programm „i2010", E-Health Initiativen ins Leben gerufen. Damit sollen lebenswichtige Gesundheitsinformationen kostengünstig und am richtigen

---

[5] Vgl. URL: http://www.frost.com/prod/servlet/market-insight-top.pag?Src=RSS&docid=212666359 [Stand: 14.03.2011].
[6] Eigene Darstellung.
[7] Vgl. URL: http://dx.doi.org/10.1787/888932337433 [Stand: 05.05.2011].
[8] Vgl. URL: http://www.krankenkasse-guide.de/gesetzliche_krankenkasse/kostenanstieg.htm [Stand: 15.03.2011].

Ort zur Verfügung gestellt werden.[9] Eine zeitgleich verfügbare diagnostische Datenerfassung bei allen behandelnden Ärzten wird angestrebt.[10] Denn durch die zunehmende Mobilität, die freie Arztwahl und Autonomie der Bürger, besteht für die Patienten nun die Möglichkeit bei jeder Behandlung einen neuen Arzt zu wählen. Dies führt dazu, dass Ärzte oftmals neue Patienten behandeln und in vielen Fällen keine Vorinformationen wie Laborbefunde zur Verfügung stehen. Die ganzheitliche Sicht auf Daten, wie beispielsweise Vorbefunde des Patienten, würde die Qualität des diagnostischen Prozesses inklusive der damit verbundenen Behandlung wesentlich verbessern.[11]

Durch die allgemein heterogene Systemlandschaft im Gesundheitswesen[12] und den unterschiedlichen Möglichkeiten der Datenübertragung, ist eine solche Umsetzung keine einfache Aufgabe. Zum einen besteht bei der Datenübertragung oftmals die Gefahr, dass nicht alle notwendigen gesetzlichen Rahmenbedingungen in Bezug auf Datensicherheit und Datenschutz erfüllt sind. Damit kann beispielsweise nicht nachverfolgt werden, wer wo welche Daten abgespeichert hat und nun auf diese zugreifen kann.[13] Zum anderen erschweren die im Laufe der Zeit entstanden unterschiedliche Datenformate, einen sicheren und effizienten Datenaustausch zwischen den Informationssystemen im Gesundheitswesen. Viele IT-Systeme sind nicht aufeinander abgestimmt und elektronische Datenflüsse zwischen den Systemen können nur über manuelle Tätigkeiten und damit Schnittstellen gewonnen werden. Dies birgt Risiken einer fehlerhaften Datenübertragung, die Gefahr gegen datenschutzrechtliche Vorschriften[14] zu verstoßen sowie eine unzureichende oder fehlerhafte Diagnostik durchzuführen.

Diagnostische Fehler sind ein häufig auftretendes Problem und können zu erheblichen Schäden der Patienten führen. Diese Fehler können folgende Ursachen haben:

- Diagnose wurde unabsichtlich verzögert obwohl wichtige Informationen bereits vorhanden gewesen wären.
- Falsche Diagnose wurde vor der richtigen Diagnose erstellt.

---

[9] Vgl. URL: http://ec.europa.eu/information_society/activities/health/policy/i2010subgroup/index_en.htm [Stand: 15.03.2011].
[10] Vgl. URL: https://www.bdvb.de/portalbuilder/mediadatabase/bdvb-special_4.pdf [Stand: 15.03.2011].
[11] Vgl. URL: http://www.sozialversicherung.at/mediaDB/MMDB122431_Philippi_ELGA3_inkl_bilder.pdf [Stand: 15.03.2011].
[12] Vgl. URL: http://www.firmenpresse.de/pressinfo58458.html [Stand: 07.03.2011].
[13] Vgl. URL: http://www.abendblatt.de/hamburg/article1037100/Experten-warnen-Patientendaten-in-Gefahr.html [Stand: 15.03.2011].
[14] Vgl. Bundesgesetzblatt für die Republik Österreich, 2008, S. 1ff.

- Diagnose nicht erstellt, da dieser Prozessschritt übersehen worden ist.[15]

Die nachfolgende Abbildung 2 zeigt nochmals auf, welche Einflussfaktoren auf die Fehlerrate einwirken können. Hierbei wurden Ärzte befragt, welche mehrere Auswahlmöglichkeiten zur Verfügung hatten.

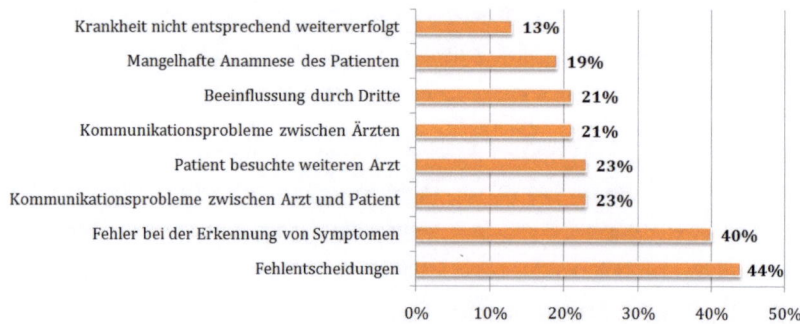

Abbildung 2: Einflussfaktoren bei Fehlern in der Diagnose[16]

In einem Treffen des MMC's Quality Council zu dieser Thematik, wurde festgestellt, dass 28 Prozent der entdeckten Fehler im Krankenhaus mit dem diagnostischen Prozess zu tun hatten. 11 Prozent davon führten zum Tod des Patienten.[17]

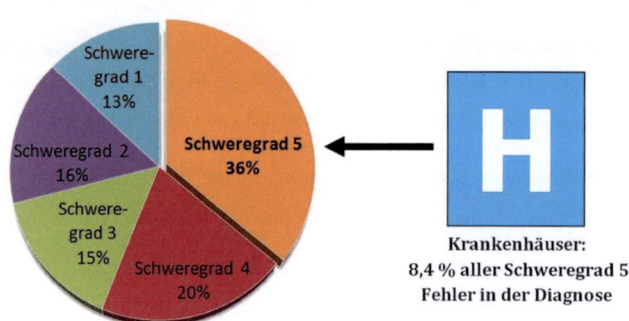

Abbildung 3: Schweregrad der diagnostischen Fehler[18]

In der Abbildung 3 wird grafisch dargestellt, welchen Einfluss Fehler in der Diagnostik haben. 13 Prozent des Schweregrades 1 wirken sich kaum aus, während 36 Prozent der Fehler schwerwiegende Folgen haben. Krankenhäuser wurden mit einem Anteil von 8,4

---

[15] Graber/Franklin/Gordon, 2005, S. 1493.
[16] Vgl. Abbildung aus: Bhasale, 1998, 310.
[17] Vgl. Bhasale, 1998, S.310.
[18] Vgl. Abbildung aus: Bhasale, 1998, 310.

Prozent der schwerwiegenden Diagnosefehler, als kritische Stellen identifiziert.[19] Die Grundlage für die Diagnostik bildet u.a. die Analytik und deren Labordaten, welche vom Krankenhausinformationssystem verwaltet werden. Aufgrund des dargestellten Fehlerpotentials und der Kostenproblematik fokussiert dieses Buch die Daten der biomedizinischen Analytik, die sogenannten labormedizinischen Daten oder Befunde. Zudem wird deren elektronischer Austausch zwischen Krankenhausinformationssystemen behandelt.

1.2 Zielsetzung

Ziel des Buches war es, ein Grobkonzept zu entwickeln, um Labordaten zwischen Krankenhausinformationssystemen übertragen zu können und dabei die Rahmenbedingungen im Bereich E-Health zu berücksichtigen. Aus der Zielsetzung leitet sich nachfolgende Forschungsfrage und damit die Struktur dieses Werkes ab, welche in Bezug zur Problemstellung steht.

1.2.1 Forschungsfrage

„Wie können Daten der Analytik unter Berücksichtigung der Rahmenbedingungen aus dem Bereich Electronic Health zwischen Krankenhausinformationssystemen übertragen werden?"

Um die Forschungsfrage beantworten zu können, sind weitere Fragen zu stellen:

Frage 1: Was versteht man unter einem Krankenhausinformationssystem (KIS) und welche Daten werden im Rahmen der Analytik damit verwaltet?

Frage 1.1: Was ist ein Krankenhausinformationssystem und welchen Nutzen erfüllt es?

Frage 1.2: Welche Daten aus der Analytik werden im Krankenhausinformationssystem verwaltet?

---

[19] Vgl. Shojania et al., 2003, S. 2853.

Frage 1.3: Wie findet die Datenübertragung zwischen Krankenhausinformationssystemen derzeit statt und welche Probleme werden identifiziert?

Frage 1.4: Gibt es gemeinsame nationale und auch internationale Initiativen, die eine Lösung dieser Probleme anstreben?

Frage 2: Was versteht man unter Electronic Health (E-Health) und welche Rahmenbedingungen in Bezug auf die Übertragung von Daten der Analytik existieren?

Frage 2.1: Welche Bedeutung besitzt E-Health und welche Initiativen zur Datenübertragung gibt es?

Frage 2.2: Welche Rahmenbedingungen und Erfolgsfaktoren können für die E-Health konforme Datenübertragung identifiziert werden?

Frage 2.3: Welche Nutzen werden bei der Übertragung von analytischen Daten mittels E-Health in der Literatur aufgezeigt?

Frage 3: Welche Nutzen und Risiken der Datenübertragung zwischen Krankenhausinformationssystemen werden von Experten identifiziert?

Frage 4: Wie sieht ein Grobkonzept für die Datenübertragung zwischen Krankenhausinformationssystemen gemäß E-Health Richtlinien aus, bei dem die aus Theorie und Praxis identifizierten Nutzen und Risiken berücksichtigt werden?

1.2.2 Methodik

Um diese Fragen beantworten zu können, ist es wichtig, die passenden Forschungsmethoden einzusetzen. Für die Beantwortung zu den Fragen bezüglich Krankenhausinformationssystemen und Analytik werden **Literaturrecherchen** durchgeführt.

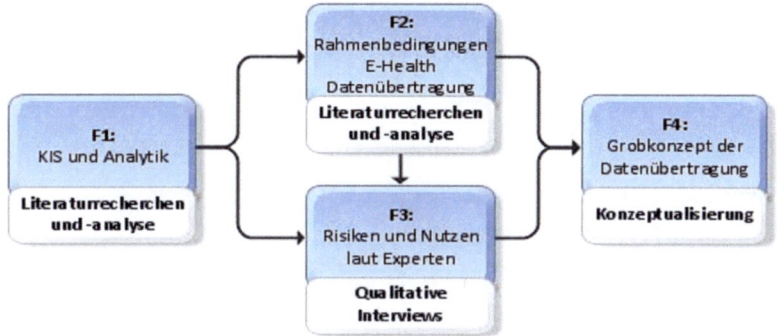

Abbildung 4: Grafische Darstellung angewandter Methoden

Die Methodik der **Literaturrecherchen und –analysen** wird auch verwendet um die Thematik E-Health und die Datenübertragung in der Analytik aufzubereiten. Zudem werden **qualitative Interviews** mit Experten aus dem Gesundheitswesen durchgeführt, um fachspezifische Informationen zum Nutzen und den Rahmenbedingungen der E-Health-konformen Datenübertragung einzuholen. Die Zusammenführung aus den Inhalten der Interviews und dem Theorieteil in Bezug auf Nutzen, Probleme und Rahmenbedingungen wird mittels der Methode **Konzeptualisierung** durchgeführt.

1.3 Aufbau und Struktur

Das vorliegende Buch gliedert sich in insgesamt 6 Kapitel.

Kapitel 2, Grundlagen
Das Kapitel der Grundlagen dient der Erklärung bezüglich des Nutzens und der Funktionen eines Krankenhausinformationssystems. Weiters werden die biomedizinische Analytik, sowie die im KIS verwalteten Daten der Analytik, erläutert. Abschließend wird die aktuelle Datenübertragung zwischen KIS und deren Problematik identifiziert und ein Bezug zu E-Health hergestellt.

Kapitel 3, E-Health in der Analytik
Das Thema E-Health und der Bezug zur Übertragung von Daten der Analytik werden dargestellt. Neben der staatlichen elektronischen Gesundheitsakte ELGA werden die kritischen Erfolgsfaktoren und Rahmenbedingungen für die Übertragung von Labordaten zwischen Krankenhausinformationssystemen aufgezeigt.

Kapitel 4, Experteninterview

Es werden die Ergebnisse der Experteninterviews evaluiert, interpretiert und zusammengefasst.

Kapitel 5, Grobkonzept

Die aus den Experteninterviews gewonnenen Erkenntnisse werden der zuvor ausgearbeiteten Theorie gegenübergestellt und kumuliert. Es folgt die Darstellung eines einfachen und übersichtlichen Grobkonzeptes für die gerichtete elektronische Übertragung analytischer Daten zwischen Krankenhausinformationssystemen sowie eine Beschreibung der Vorteile, die bei Anwendung des Grobkonzeptes entstehen.

Kapitel 6, Fazit und Ausblick

Abschließend wird, mit Fokus auf die Datenübertragung von Laborbefunden, ein Blick auf die kommenden Entwicklungen im Bereich E-Health geworfen.

1.4 Anmerkung

In diesem Buch wird bewusst auf eine geschlechtsspezifische Formulierung verzichtet, um eine leichtere Lesbarkeit zu erzielen. Verwendete maskuline Ausdrücke und Formulierungen sind daher immer an beide Geschlechter gerichtet.

2 Grundlagen

Dieses Kapitel behandelt zentrale Begrifflichkeiten und Themenbereiche, welche für den weiteren Verlauf des vorliegenden Werkes die nötige Relevanz aufweisen und einem besseren Verständnis zur Thematik dienen.

2.1 Krankenhausinformationssysteme

2.1.1 Was ist ein KIS

Ein Krankenhausinformationssystem (KIS) stellt ein im Krankenhaus verwendetes zentrales Informationssystem dar. Das KIS umfasst „alle informationsverarbeitenden (und informationsspeichernden) Prozesse und die an ihnen beteiligten menschlichen und maschinellen Handlungsträger in ihren informationsverarbeitenden Rollen".[20]

Das wesentlichste Ziel eines KIS ist die Bereitstellung von Patienteninformationen und medizinischem Wissen. Weiters sollen damit die Kosten und Leistungen erfasst und die Qualität der Patientenversorgung dokumentiert werden.[21]

In der Vergangenheit wurden diese Verwaltungstätigkeiten manuell erledigt und dadurch Schränke voller Akten gefüllt. Die Suche und der Transport von relevanten Informationen waren sehr zeitaufwändig und fehleranfällig.[22] Heutzutage werden in den Krankenhäusern jedoch immer häufiger medizinische Informatiker mit der Aufgabe betraut, einen digitalen Informationsfluss zu ermöglichen. Dafür werden Informationssysteme hinzugezogen, die Daten wie folgt zur Verfügung stellen sollen:

---

[20] Winter, 1998, S. 169.
[21] Leiner et al., 2006, S. 79.
[22] Vgl. Köhler-Frost / Heiner, 1995, S. 61.

- die richtigen Informationen
- zur richtigen Zeit
- in der richtigen Form
- am richtigen Ort
- der richtigen Person[23]

Das korrekte Bereitstellen dieser Informationen dient dazu, die Arbeitsabläufe in den unterschiedlichen Bereichen eines Krankenhauses zu unterstützen und den Benutzern eine möglichst rasche Entscheidung, beispielsweise in der Diagnosefindung, zu ermöglichen.

Die große Herausforderung hierbei ist, die in der Regel eingesetzten, unterschiedlichen Softwareprodukte an die spezifischen Gegebenheiten des Krankenhauses anzupassen und eine durchgängige Informationsintegration zu ermöglichen. Das Krankenhausinformationssystem wird nicht als fertiges Produkt gekauft, sondern wird im Krankenhaus weiterentwickelt und angepasst. Wie gut dieses Informationssystem schlussendlich funktioniert, wird daran gemessen, wie erfolgreich die Patienten behandelt werden können.[24]

2.1.2 Systemlandschaft im Krankenhaus

Im Krankenhaus sind sehr viele Bereiche von einem gut funktionierenden Informationssystem abhängig. Die wichtigsten Bereiche, welche die Patientenversorgung betreffen, sind die Stationen, Ambulanzen, Diagnostik sowie die Therapie. Weitere Tätigkeitsbereiche sind beispielsweise die Patientenverwaltung, Controlling und Finanzbuchhaltung, Apotheke, Blutbank, Archivierung, Technik und Versorgung sowie die Krankenhausverwaltung.[25]

---

[23] Vgl. Abts / Mülder, 2009, S. 12.
[24] Vgl. Herbig/Ammenwerth, 2006, S. 10.
[25] Vgl. Ammenwerth/Haux, 2005, S. 15.

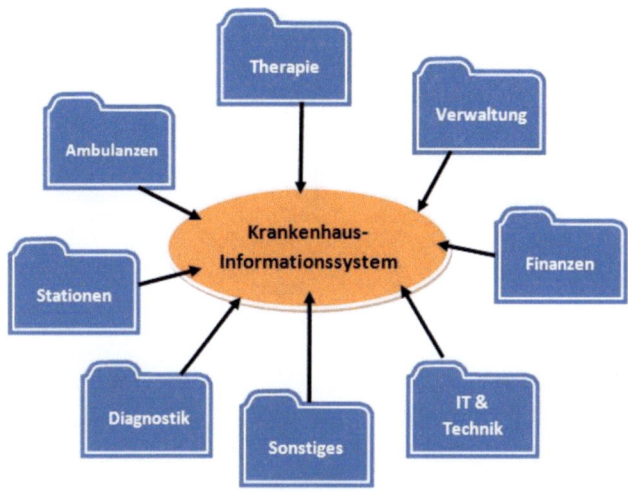

Abbildung 5: Bereiche des Krankenhausinformationssystems[26]

Wie in Abbildung 5 dargestellt, arbeiten alle Bereiche des Krankenhauses direkt oder indirekt mit dem Krankenhausinformationssystem. Es bildet damit eine zentrale Informationsplattform.

Diese Informationsplattform bringt Nutzen für die Patienten und Besucher, Ärzte, Pflegepersonal, Verwaltungspersonal, medizintechnisches und medizininformatisches Personal sowie jene Personen, die für den Betrieb und das Management des Krankenhausinformationssystems zuständig sind.[27]

Da in den meisten Fällen aus historischen Gründen die eingesetzten Softwareprodukte im Krankenhaus von unterschiedlichen Herstellern stammen, spricht man von einer sogenannten heterogenen IT-Systemlandschaft.[28]

---

[26] Eigene Darstellung.
[27] Vgl. Ammenwerth/Haux, 2005, S. 15.
[28] Vgl. Sunyaev et al., 2006, S. 16.

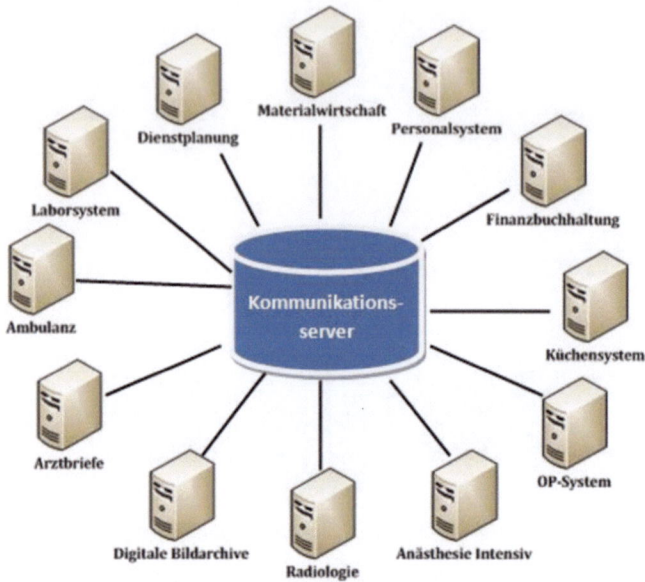

Abbildung 6: Heterogene Krankenhaus IT Architektur[29]

Abbildung 6 stellt die unterschiedlichen Subsysteme, welche mit dem Krankenhausinformationssystem verbunden sind, grafisch dar. Viele der dargestellten Bereiche haben bisher autonom gearbeitet und dementsprechend sind deren Systeme gewachsen. Mit Krankenhausinformationssystemen versucht man eine Lösung zu schaffen, um mittels Datenintegration die verschiedenen Komponenten des KIS effizienter einsetzen zu können und Sicherheit zu schaffen.[30] Diese krankenhausinterne Datenintegration kann beispielsweise mittels Kommunikationsservern erreicht werden. Damit sollen Mehrfacherfassungen von Daten in unterschiedlichen Datenbanken vermieden werden. Dies führt zu einer Sicherstellung der Korrektheit und Widerspruchsfreiheit von Daten.[31] Die nachfolgende Abbildung des Drei-Ebenen-Modells beschreibt den Aufbau eines KIS und dessen Subsystemen.

---

[29] Vgl. Abbildung aus: Johner/Haas/Bachmann, 2009, S. 388.
[30] Vgl. Leiner et al., 2006, S. 119.
[31] Vgl. Herbig/Ammenwerth, 2006, S. 17.

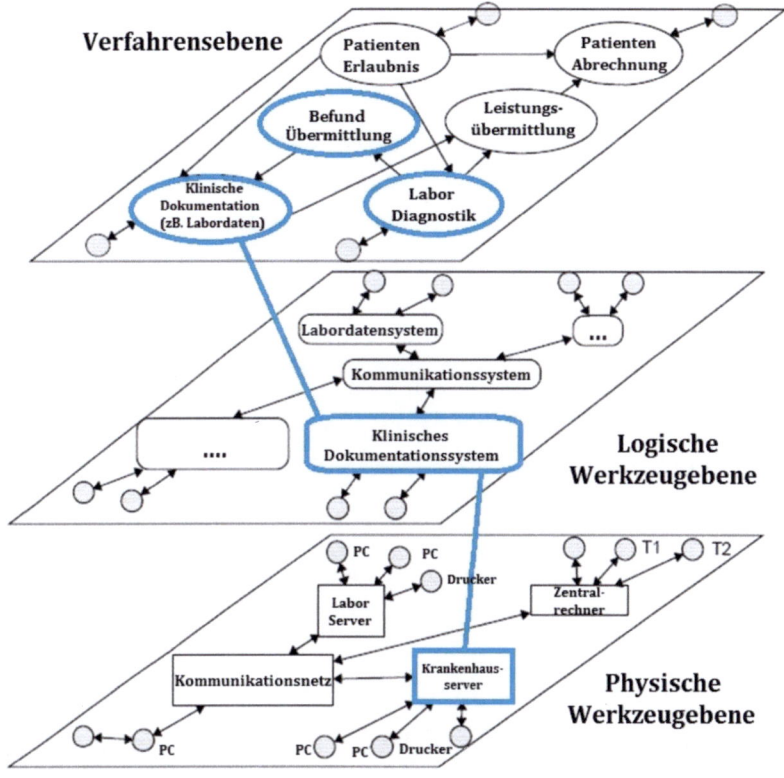

Abbildung 7: 3-Ebenen-Modell[32]

Die Verfahrensebene stellt die oberste Stufe dar und beschreibt welche Aufgaben das KIS mittels Subsystemen erfüllt. Dies kann zum Beispiel die Übertragung von Labordaten aus dem Laborinformationssystem in das Krankenhausinformationssystem sein. Die logische Werkzeugebene beschreibt die Verbindung der einzelnen Systeme eines Krankenhauses untereinander, womit beispielsweise die Interaktion zwischen KIS und LIS gemeint ist. Die physische Werkzeugebene beinhaltet die Rechnersysteme und Komponenten und erlaubt damit unter anderem die Verbindung zwischen Servern zum Datenabgleich.[33]

---

[32] Vgl. Abbildung aus URL: http://www.elske-ammenwerth.de/Publikationen/t1.pdf [Stand: 03.05.2011].
[33] Vgl. Dugas/Schmidt, 2003, S. 84.

2.1.3 Ziele und Nutzen eines KIS

Das KIS umfasst alle Software- und Hardwaresysteme, welche für die Erfassung, Verarbeitung und Speicherung der administrativen, medizinischen sowie medizintechnischen Daten in einem Krankenhaus, eingesetzt werden.[34] Dabei ist immer zu berücksichtigen, dass der Einsatz dieser Systeme an der Strategie des Unternehmens Krankenhaus ausgerichtet wird und davon strategische Ziele abgeleitet werden. Einige dieser allgemeingültigen Ziele werden wie folgt beschrieben:

- Kosten- und Leistungstransparenz schaffen
- Effektivität medizinischer Organisations- und Entscheidungsprozesse unterstützen
- Durchlaufzeiten verkürzen (bspw. Aufenthaltsdauer)
- Transparenz medizinischer Entscheidungsprozesse herstellen
- Koordination und Kooperation mit externen Partnern verbessern
- Vollständige elektronische Krankenakte zur Verfügung stellen[35]

Das KIS lässt sich in drei Bereiche gliedern, die elektronische Patientenakte, die Ablaufunterstützung und die Kommunikationskomponente.[36] Während sich die elektronische Patientenakte (EPA) der Verwaltung aller gesundheitsbezogenen Patienteninformationen annimmt, fokussiert sich die Ablaufunterstützung auf die Anwender oder andere Ressourcen. In diesem Bereich werden Management- und Planungswerkzeuge eingesetzt. Der dritte Bereich ist die Kommunikationskomponente. Die einzelnen Systeme im Krankenhaus (bspw. das Laborinformationssystem) tauschen Daten über Schnittstellen aus. Die Informationsbereitstellung stellt den wesentlichen Nutzen eines Krankenhausinformationssystems dar. Dies soll anhand folgenden Beispiels mit Laborbefunden verdeutlicht werden.

Laborbefunde stellen die Schnittstelle zwischen Analytik und Diagnostik dar. Diese müssen rasch erfasst und an die richtigen, meist anfordernden Stellen, weitergeleitet werden. Damit hat der Arzt die Möglichkeit, Entscheidungen über die weitere Behandlung zu treffen. Je weniger Informationen zur Verfügung stehen bzw. je länger die

---

[34] Vgl. Zauner/Schrempf, 2009, S. 303.
[35] Vgl. Haas/Kuhn, 2007, S. 734f.
[36] Vgl. Stausberg, 2004, S. 256f.

Zurverfügungstellung der Laborbefunde benötigt, desto schlechter ist es für den Patienten. Die Informationen dürfen weiters nur von berechtigtem Personal eingesehen werden und sollten dabei in einer übersichtlichen Darstellung vorliegen. Damit wird es dem Arzt ermöglicht, relevante Informationen einfacher und schneller auszulesen bzw. wichtige Zusatzbefunde zu stellen.

Zusammenfassend lässt sich feststellen, dass der Nutzen von Krankenhausinformationssysteme vielfältig ist. Den wichtigsten Faktor für diese Arbeit stellt jedoch die rasche Bereitstellung von korrekten Daten für die Diagnostik dar. Dies soll zur richtigen Zeit, am richtigen Ort und für die richtige Person stattfinden. Damit können zukünftig, über die Grenzen des einzelnen Krankenhauses hinweg, die Diagnostik und zielgerichtete Therapien verbessert und kostenintensive Doppeluntersuchungen vermieden werden.

2.2 Die biomedizinische Analytik

In der biomedizinischen Analytik werden gewonnene Proben untersucht und die Untersuchungsergebnisse ausgewertet.[37]

2.2.1 Biomedizinische Analytik im Krankenhaus

Die Analytik im Krankenhaus ist ein wichtiger Teilbereich des diagnostischen Prozesses. Durch den Einsatz von Informationstechnologien (IT) im Bereich der Diagnostik konnten die Prozesse effizienter gestaltet und die Datensicherheit erhöht werden. Trotzdem stellt die Analytik noch immer einen Bereich dar, in dem häufig Fehler auftreten.[38]

Die Laboranalytik von Blutwerten wird in der Diagnostik für Krankheitsbilder oder Verlaufskontrollen verwendet. Durch das diagnostische Vorgehen werden Informationen über den Gesundheitszustand des Patienten und die erforderlichen Behandlungsaktivitäten geliefert.[39]

---

[37] Vgl. Deutemeyer/Thiekötter, 2007, S. 57.
[38] Vgl. URL: http://www.sciencedaily.com/releases/2010/09/100909193404.htm [Stand: 09.03.2011].
[39] Frodl, Gesundheitsbetriebslehre: Betriebswirtschaftslehre des Gesundheitswesen, 2010, S. 363.

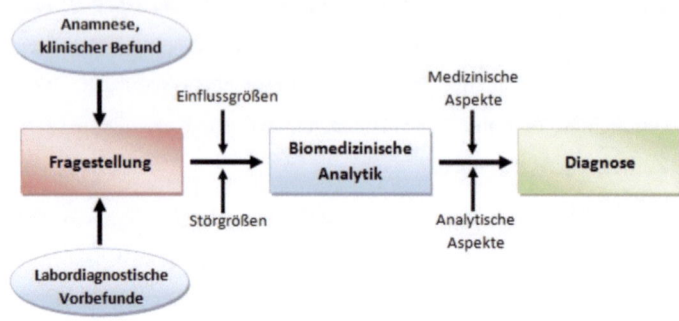

Abbildung 8: Flussdiagramm der Erstellung klinisch-chemischer Befunde[40]

In einigen Fällen reichen die erhobenen Befunde nicht aus. Es werden hierbei in der Regel weitere medizinische Untersuchungen zur Diagnosesicherung oder zusätzliche Labordaten des Patienten hinzugezogen.[41] Dies können beispielsweise labordiagnostische Vorbefunde sein, was in Abbildung 8 im Prozess der Fragestellung grafisch verdeutlicht wird.

2.2.2 Phasen der Diagnostik

Der diagnostische Prozess unterteilt sich in jene Phasen, die in nachfolgender Abbildung aufgezeigt und in der Regel im Gesundheitswesen so beschrieben werden.

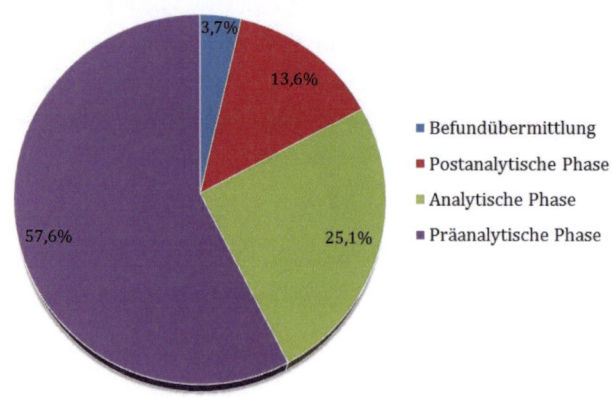

Abbildung 9: Phasen des diagnostischen Prozesses[42]

---

[40] Vgl. Abbildung aus: Dörner, 2003, S. 2.
[41] Vgl. URL: http://pr-healthcare.de/uploads/ArztundRecht/MedizinischeGrundbegriffe.pdf [Stand: 13.03.2011].
[42] Vgl. Abbildung aus: Guder, 2009, S. 2.

2.2.2.1 Präanalytische Phase

Die präanalytische Phase beginnt mit der Identifikation des Patienten. Dies findet in den meisten Fällen mittels Versicherungskarte statt, welche in Österreich die Bezeichnung E-Card (elektronische Versicherungskarte) erhalten hat. Es wird überprüft, ob der Patient bereits im Krankenhausinformationssystem hinterlegt ist oder im ersten Schritt eine neue Patientenakte angelegt werden muss. Danach kann mit der eigentlichen Behandlung des Patienten begonnen werden:

- Fragestellung bzw. Anamnese
- Wahl der Untersuchung
- Patientenvorbereitung
- Probenmaterialabnahme
- Probentransport und Aufbewahrung
- Probenannahme und Vorbereitung[43]

Neben der klinischen Untersuchung zählt die Anamnese zu den wichtigsten Verfahren beim Diagnoseprozess.[44] Bei der Anamnese werden die Patienten vom Arzt zu deren aktuellen Beschwerden und den Gesamtzustand befragt. Im Falle nicht vorhandener elektronischer Patientendaten, muss der Arzt beim Erstkontakt mit dem Patienten die wesentlichen Informationen mündlich erfragen. Dies gestaltet sich aufgrund des kaum vorhandenen Vertrauensverhältnisses oftmals schwierig.[45]

2.2.2.2 Analytische Phase

Das medizinische Labor startet mit der Probenanalyse die nächste Phase, die nach der Analyse mit der Freigabe der Messergebnisse sowie der analytischen Qualitätskontrolle abschließt. Die Messergebnisse werden in Form eines Blutbefundes im Krankenhausinformationssystem gespeichert. Die Abbildung 10 zeigt, wie diese Daten im KIS dargestellt werden können, um dem Arzt einen Überblick über den Gesundheitszustand des Patienten zu ermöglichen.

---

[43] Vgl. Guder, 2009, S. 1f.
[44] Vgl. Bertsch/Wisser, 2009, S. 21.
[45] Vgl. URL: http://www.gesundheit.de/medizin/untersuchungen/untersuchungsmethoden/die-anamnese-wichtiger-baustein-in-der-medizinischen-diagnostik [Stand: 13.03.2011].

			62251108	252050509	192231009	50060510	128160910
Auftragsnummer			25.11.2008	05.05.2009	23.10.2009	06.05.2010	16.09.2010
Datum			07:46 ~	09:55 ~	08:18 ~	07:45 ~	08:08 ~
Uhrzeit							
KLINISCHE CHEMIE (IMCL)							
135 - 150	mmol/l	Natrium i.S	140		143	144	
3.50 - 5.30	mmol/l	Kalium	3.76		4.49	4.24	
95 - 110	mmol/l	Chlorid	105		104		
8.0 - 24.0	mg/dl	Harnstoff-N	13.1		8.4	13.4	
0.50 - 1.00	mg/dl	Kreatinin	0.82		0.81	0.77	
> 90.0	ml/min/1	GFR Glomerulä	120.5		119.8		
3.3 - 7.3	mg/dl	Harnsaeure	4.7		3.9		
2.20 - 2.60	mmol/l	Calcium	2.35		2.38		
0.70 - 1.00	mmol/l	Magnesium				0.77	
0.90 - 1.45	mmol/l	Phosphor	0.90		1.00		
150 - 200	mg/dl	Cholesterin	219 *		182	182	
> 45	mg/dl	HDL-Cholester				87	
< 130	mg/dl	LDL-Cholester				95	
25 - 150	mg/dl	Triglyceride				57	
< 31	U/l	GOT 37 Grad	26		22	27	
< 34	U/l	GPT 37 Grad	19		17	16	
< 247	U/l	LDH	179		173	204	

Abbildung 10: KIS Befundausdruck[46]

2.2.2.3 Postanalytische Phase

Diese Phase beginnt nachdem die Laborbefunde im KIS gespeichert sind und eine Befundmitteilung an den behandelnden Arzt stattgefunden hat. Auf Basis der vorliegenden Daten entscheidet der Arzt über den weiteren Diagnose- und Behandlungsprozess.

2.2.2.4 Befundübermittlung

Die Übermittlung von Laborbefunden ist ein wichtiger Teil der postanalytischen Phase. Die Übermittlung von Befunden kann intern im Krankenhaus über das Krankenhausinformationssystem sowie extern zu anderen GDA (bspw. andere Krankenhäuser oder niedergelassene Ärzte) stattfinden. In der Vergangenheit wurde diese Übermittlung hauptsächlich postalisch, telefonisch oder via Fax getätigt. Mittlerweile findet die Übermittlung von Befunden vermehrt elektronisch statt. Hierbei haben nicht zuletzt der technische Fortschritt sowie die E-Health Initiativen beigetragen.

---

[46] Eigene Darstellung.

2.2.3 Laborbefunde

Laborbefunde stellen die Ergebnisse einer Laboranalyse dar. Die Laborbefunde, die in der analytischen Phase erstellt und im Krankenhausinformationssystem gesichert werden, dienen zur Diagnosefindung, zur Beurteilung der Prognose und für therapeutische Maßnahmen, welche vom ärztlichen Personal angefordert werden.

Anwendung	Methoden
Diagnostische Anwendungen	• Krankheitsklassifikation • Klärung der Ursache sowie der Entstehung und Entwicklung einer Krankheit • Zustandsanalyse • Suche nach Risikofaktoren
Prognostische Anwendungen	• Prognose hinsichtlich des Ausgangs (Tod, Heilung) bzw. des Verlaufs • Prognose hinsichtlich des Therapierisikos • Prognose hinsichtlich zukünftiger Erkrankungen
Anwendung bei therapeutischen Maßnahmen	• Auswahl und Wirkungskontrolle der Therapie

Tabelle 1: Anwendungen von Laborbefunden[47]

In der Tabelle 1 werden die Methoden jener Anwendungsbereiche von Laborbefunden dargestellt, die je nach Situation ihren Einsatz finden.

Die Laboruntersuchungen haben einen hohen Stellenwert im Gesundheitswesen, da das Blut der Patienten einen Spiegel des gesamten Stoffwechsels darstellt. Die daraus resultierenden Laborbefunde werden dabei folgendermaßen unterschieden:

- Qualitative Ergebnisse (positiv bzw. negativ sowie unterschiedliche Blutgruppen)
- Semiquantitative Ergebnisse (stark positiv, grenzwertig negativ, etc.)

---

[47] Vgl. Büttner, 1991, 509.

- Quantitative Ergebnisse (Darstellung in Form von Zahlenwerten)
- Diagnostische Interpretation der Befundergebnisse[48]

2.2.3.1 Ursprung der Labordaten

Labordaten werden hauptsächlich im Labor durch biomedizinisch analytisches Personal (BMA) unter Zuhilfenahme von Laborinstrumenten aus Probenmaterial gewonnen.

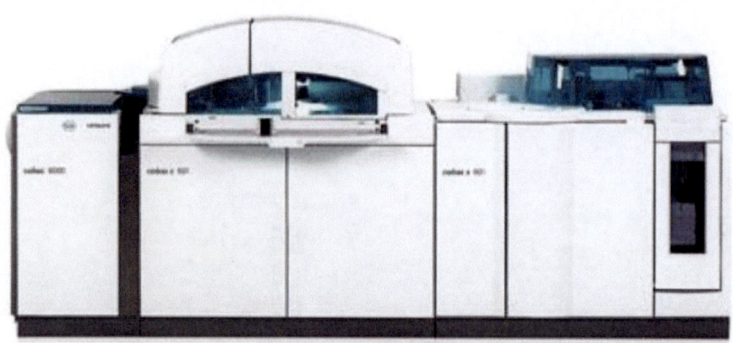

Abbildung 11: Laborinstrument Cobas 6000[49]

Die für die Analyse verwendeten Laborinstrumente weisen dabei einen hohen Spezialisierungs- und Automatisierungsgrad auf. Das Laborinstrument Cobas 6000 (siehe Abbildung 11), untersucht beispielsweise Proben im Bereich klinische Chemie und schafft mit etwa 500 Tests pro Tag einen hohen Durchsatz an Probenmaterial. Das Laborpersonal muss nur noch die Proben zum Gerät bringen und nach fertiger Analyse abholen. Die Daten der Analyse werden direkt in das Laborinformationssystem übertragen.

Die Information über die benötigten Daten, kommt aus der präanalytischen Phase nach ärztlicher Anordnung. Hierzu werden die Daten im Krankenhausinformationssystem hinterlegt, welches die Anforderungen an das Laborinformationssystem (LIS) weiterleitet. Die Laborinstrumente sind zum Großteil mit dem LIS verbunden und erhalten von diesem die Information, welche Parameter benötigt werden. Bei jenen Instrumenten, die keine direkte Verbindung zum LIS haben, werden diese Informationen manuell vom

---

[48] Vgl. URL: https://www.gesundheit.gv.at/Portal.Node/ghp/public/content/Befund_01_Der_Laborbefund_HK.html [Stand: 14.03.2011].
[49] Vgl. Abbildung aus URL:
http://cobas.com/SiteCollectionImages/System%20Components/cobas%206000.jpg [Stand: 29.03.2011].

Laborpersonal im LIS eingegeben. Nach erfolgreicher Analyse der Proben werden die ermittelten Labordaten einer technischen Validierung vom medizinischen Personal unterzogen und dabei geprüft ob die Analyse technisch einwandfrei erfolgt.[50] Nach erfolgreicher Prüfung werden die Ergebnisse vom Subsystem des Labors LIS an das Krankenhausinformationssystem übertragen. Die unterschiedlichen Subsysteme am Markt führen hierbei zur Verwendung unterschiedlicher Datenformate, die vom KIS verarbeitet werden müssen. Der verantwortliche Arzt hat nun die Möglichkeit, eine biomedizinische Validierung durchzuführen und dabei die benötigten Informationen aus dem KIS abzurufen. Im Zuge dessen wird auf Plausibilität mit vorangegangenen Untersuchungen und Standardwerten geprüft. Es erfolgt unter anderem ein Vergleich mit den in der Vergangenheit gewonnenen Labordaten. Damit kann eine Diagnose bzw. Prognose durchgeführt und die weitere Therapie für den Patienten bestimmt werden.[51] Bei bis zu 70 Prozent der Diagnosen wird genau auf diese Laborbefunde zurückgegriffen.[52]

2.2.3.2 Probleme im Bereich der Laborbefunde

Besteht die Möglichkeit, auf aktuelle und bereits vorhandene Labordaten des Patienten zugreifen zu können, wird die Effizienz der Plausibilitätskontrolle erhöht sowie die Grundlage für die Diagnosefindung und weitere Therapie verbessert. Durch die zunehmende Autonomie und freie Arztwahl der Patienten, liegen diese Informationen oftmals in unterschiedlichen Informationssystemen und dabei in teilweise proprietären Datenformaten auf.[53] Dieser Umstand erschwert den Ärzten bei einer Erstbehandlung die Diagnose und Therapie. Bei Notfällen kann der erschwerte Zugriff auf die Patientendaten sogar lebensbedrohliche Ausmaße annehmen, da zuerst Grundinformationen (bspw. Blutgruppe) vorliegen müssen, um keine falsche Behandlung zu riskieren.

Neben der Problematik, nicht auf die bestehenden Daten von Patienten zum notwendigen Zeitpunkt zugreifen zu können, kommt hinzu, dass die Laborbezeichnungen für die Laborwerte oftmals unterschiedlich sind. Dies erschwert die Vergleichbarkeit bzw. Auffindbarkeit von Labordaten wesentlich. Grund dafür waren die in der Vergangenheit

---

[50] Vgl. ÖBV-MTA, 2003, S. 29.
[51] Vgl. Kachler, 2006, S. 668ff.
[52] Vgl. Forsman, 1996, 813.
[53] Vgl. Beckers/Sembritzki, 2006, S. 469.

gängigen individuellen Anpassungen der Analysekataloge an die jeweiligen Bedürfnisse der Gesundheitsdiensteanbieter.[54]

In den meisten Fällen werden die Daten vom Analyseinstrument generiert und über das LIS an das KIS übertragen. Es kommt jedoch aufgrund der zunehmenden Spezialisierung der Krankenhäuser immer wieder zu Analyseanforderungen, die von externen Instituten durchgeführt werden müssen, da nur dort die notwendigen analytischen Systeme vorhanden sind.[55] In diesem Fall ist es besonders wichtig, die unterschiedlichen klinischen Informationssysteme zu verknüpfen und einen sicheren Datenaustausch zu schaffen. Damit sollen Medienbrüche, Informationsverluste und Wartezeiten vermieden und eine qualitativ hochwertige Patientenversorgung erreicht werden.[56]

Um eine Vereinheitlichung der Datenformate im Laborwesen der Krankenhäuser und anderer Gesundheitseinrichtungen zu erreichen und diese sicher übertragen zu können, gibt es nationale und internationale Initiativen. Diese verbergen sich u.a. hinter dem Überbegriff Electronic Health (E-Health).

---

[54] Vgl. URL: https://www.gesundheit.gv.at/Portal.Node/ghp/public/content/Befund_03_Vereinheitlichte_ Bezeichnungen_LOINC_HK.html [Stand: 19.03.2011].
[55] Vgl. Deh/Dralle, 2009, S. 62.
[56] Vgl. Pföhler, 2009, S. 116.

3 E-Health in der Analytik

Um Patienten die richtigen Therapien möglichst zeitnah zu ermöglichen, werden relevante Informationen benötigt. Im Bereich der Diagnostik kommen diese Informationen aus der Analytik, zumeist in Form von Labordaten. Wie bereits zuvor beschrieben, ist es essentiell, den Patienten organisationsübergreifend die bestmögliche Versorgung bieten zu können. Dafür soll den berechtigten Akteuren im Gesundheitswesen Zugriff auf die relevanten Daten des Patienten gegeben werden. Die Übermittlung dieser sensiblen Daten erfordert einen umfassenden Kommunikationsprozess, welcher im Bereich E-Health seine Anwendung findet.

Ziel dieses Kapitel ist es daher, das Thema E-Health näher zu erläutern und dabei die sichere Übertragung der analytischen Daten, also Labordaten und -befunde der Patienten, zwischen Krankenhausinformationssystemen näher zu betrachten. Neben den technischen und sicherheitsrelevanten Aspekten werden auch die datenschutzrechtlichen und gesetzlichen Rahmenbedingungen zur Übertragung von Daten der Analytik beschrieben.

3.1 Definition - Electronic Health

Es gibt sehr viele Definitionen für E-Health, wobei eine allgemein anerkannte und exakte Formulierung nicht existieren dürfte.[57] Eine daher sehr breite Definition nach Eysenbach lautet wie folgt:

---

[57] Vgl. Oh et al., 2005, S. 34f.

> *"e-health is an emerging field in the intersection of medical informatics, public health and business, referring to health services and information delivered or enhanced through the Internet and related technologies. In a broader sense, the term characterizes not only a technical development, but also a state-of-mind, a way of thinking, an attitude, and a commitment for networked, global thinking, to improve health care locally, regionally, and worldwide by using information and communication technology."*[58]

E-Health kann also nicht nur in Form moderner Informations- und Kommunikationstechnologien umgesetzt werden, sondern benötigt auch ein Umdenken in Bezug auf die bisherigen Prozesse und Möglichkeiten. Ein solches Umdenken bei den Stakeholdern und damit eine Änderung der Einstellungen zu dieser Thematik, sind nicht von heute auf morgen möglich. Bei den erwähnten Stakeholdern handelt es sich unter anderem um Bürger, Gesundheitsdiensteanbieter, die Kostenträger, Politik, Wissenschaft, Öffentlichkeit und auch das Management der diversen Gesundheitseinrichtungen. E-Health bezieht sich auf die Verwendung moderner Informations- und Kommunikationstechnologien um die Bedürfnisse der genannten Stakeholder zu erfüllen.

> *„eHealth refers to the use of modern information and communication technologies to meet needs of citizen, patients, healthcare professionals, healthcare providers as well as policy makers."*[59]

Electronic Health hat bereits einen langen Weg hinter sich, wobei die Verwendung des „E" vor dem Health nicht nur auf nationaler Ebene sondern international Bedeutung hat. Die Europäische Union und deren Mitglieder wissen beispielsweise, wie wichtig das Thema Gesundheit für die Menschen ist. Dies zeigt sich in Hinblick auf die unterschiedlichen Initiativen, bei denen international und national eine positive Umsetzung angestrebt wird. Für diese Initiativen werden hohe Investitionsbeträge zur Verfügung gestellt.[60] Aber auch andere Staaten wie die USA haben erkannt, dass das Gesundheitswesen wichtig für die soziale Zufriedenheit der Bürger ist und auch einen wichtigen wirtschaftlichen Aspekt darstellt. Basis für viele dieser Projekte ist das Internet. Die Entwicklung des Internets und die damit einhergehenden Möglichkeiten Informationen auszutauschen, haben auch vor dem Gesundheitswesen nicht Halt gemacht. Weltweit ist man sich dessen bewusst und forciert den Ausbau in den öffentlichen und privaten Bereichen, um einen besseren Zugang zu den modernen Informations- und Kommunikationstechnologien zu schaffen.

---

[58] URL: http://www.jmir.org/2001/2/e20/ [Stand: 01.04.2011].
[59] URL: http://ec.europa.eu/information_society/eeurope/2005/all_about/ehealth/index_en.htm [Stand: 05.05.2011].
[60] Vgl. URL: http://ec.europa.eu/health/health_policies/health_in_eu_initiatives/index_de.htm [Stand: 20.03.2011].

Die europäische Union hat sich beispielsweise das Ziel gesetzt, mit Milliarden Euro an Fördergeldern einer 100-prozentigen Versorgung Europas mit Breitband-Internetzugängen näher kommen. Dies soll den Bürgern Europas die Teilnahme an der globalen Informationsgesellschaft ermöglichen.[61] Diese durchgängige Breitbandversorgung sollte mit dem Aktionsplan eEurope 2005 ermöglicht werden, welcher im Juni 2002 beschlossen wurde.[62] Auf Basis der angestrebten Breitband-Infrastruktur ist geplant, dass moderne öffentliche Online Services wie E-Health, E-Government und E-Learning Services ihren Einzug halten und dies zu einem Anreiz für private Investitionen und der Schaffung von Arbeitsplätzen in einem dynamischen E-Business Umfeld führt.

eEurope 2005 wurde durch die i2010 Strategie abgelöst, welche für den Zeitraum 2005 bis 2009 die EU-Politik im Bereich der Informations- und Kommunikationstechnologien bestimmte. Die entwickelte Strategie zielte darauf ab, Innovationen und Investitionen in diesem Bereich zu stärken und eine Verbesserung der Lebensqualität für die neue europäische Informationsgesellschaft zu erreichen. Gerade dieses große, nicht ausgeschöpfte Potential bietet umfangreiche Möglichkeiten im Bereich der Wirtschaft und des sozialen Umfelds. So können durch den Einzug von Internet und E-Business neue Märkte und Jobs geschaffen und weitere Effizienzsteigerungen erreicht werden.

Die „Digital Agenda" beschreibt die Strategie der europäischen Union bis in das Jahr 2020.[63] Mit den darin definierten Schwerpunkten wird auch weiterhin daran gearbeitet, Patienten und Gesundheitsexperten überall in Europa nutzerfreundliche und dialogfähige Informationssysteme bereit zu stellen und im Zuge dessen die Interoperabilität von elektronischen Gesundheitsinformationen zu fördern.[64] Die Mitgliedsländer streben unter diesem Programm auch gemeinsame Standards der Datenübertragung an, die in einem späteren Teil des Buches näher beschrieben werden.

Auch andere Länder wie die USA haben den Weg Richtung E-Health eingeschlagen. Mit der Health IT Initiative (HIT) wurde ein nationales Programm gestartet, mit dem Informations- und Kommunikationstechnologien im Gesundheitswesen forciert werden.

---

[61] Vgl. URL: http://ec.europa.eu/information_society/activities/broadband/index_en.htm [Stand: 21.03.2011].
[62] http://ec.europa.eu/information_society/eeurope/2002/news_library/documents/eeurope2005/eeurope2005_en.pdf eEurope 2005
[63] Vgl. URL: http://ec.europa.eu/information_society/digital-agenda/index_en.htm [Stand: 23.03.2011].
[64] Vgl. URL: http://www.euractiv.com/de/e-health-elektronische-gesundheitdienste-de-linksdossier-188995 [Stand: 23.03.2011].

Das Programm soll bis zum Jahr 2013 das Gesundheitssystem in den USA verbessern und beinhaltet folgende Schwerpunkte:

- Elektronische Gesundheitsakte
- E-Mail Kommunikation
- Klinische Warn- und Erinnerungsfunktionen
- IT-Unterstützte Entscheidungssysteme
- Mobile IT Eingabegeräte (bspw. Tablets)
- Chipkarten
- Barcodes
- Radio Frequency Identification Chips (RFID)
- Weitere Technologien, welche beim Sichern, Erhalten und dem Transfer klinischer, administrativer sowie finanzieller elektronischer Daten im Gesundheitswesen unterstützen[65]

Neben der Verbesserung der Gesundheitsversorgung wird auch darauf abgezielt, die Kosten für das Gesundheitswesen um 10 Prozent pro Jahr zu reduzieren. Durch die jährlichen Ausgaben von 2 Milliarden Dollar und einer Steigerungsquote von 6-8 Prozent pro Jahr, ist diese E-Health Initiative ein möglicher Weg Kosten zu reduzieren. Besonderes Augenmerk gilt der elektronischen Gesundheitsakte, von der man sich die meisten Vorteile verspricht.[66]

Koordiniert werden die laufenden Programme durch ONC (Office of the National Coordinator for Health Information Technology), welches auch die Bemühungen anderer Initiativen bei der Umsetzung und Einführung von E-Health Technologien unterstützt. So überprüft und lenkt das Programm „State-Level Health Initiatives" die unterschiedlichen Bestrebungen, einen Gesundheitsinformationsaustausch zu erreichen und dabei mit der nationalen E-Health Strategie konform zu sein. Mit dem „Nationwide Health Information Network" offeriert ONC eine Sammlung aus Standards, Protokollen, Spezifikationen und Services für den sicheren Datenaustausch.

---

[65] Vgl. URL: http://www.dpw.state.pa.us/ucmprd/groups/webcontent/documents/presentation/p_003929.pdf [Stand: 14.04.2011].
[66] Vgl. URL: http://cms.comsoc.org/SiteGen/Uploads/Public/Docs_e_Health/5-MAN-ICC09-Panel-Wu-USA-06142009.pdf [Stand: 14.04.2011].

Das US Bundesamt „Federal Health Architecture" hat die Aufgabe zu unterstützen und zu kontrollieren, damit die staatlichen Programme von Effizienz- und Effektivitätssteigerungen geprägt sind und die Interoperabilität der IT-Systeme durch Verwendung von internationalen Standards gegeben ist.

Ein Teilaspekt ist die Zertifizierung dieser Systeme, wobei hier das Augenmerk auf kritische Anwendungen und Sicherheitsaspekte sowie die Einhaltung der internationalen Standards für bestmögliche Interoperabilität gelegt wird. Weiters soll ONC dafür sorgen, dass die Vorteile der entscheidungsunterstützenden IT-Systeme im klinischen Bereich von den GDA verstanden werden und damit eine breite Anwendung erreicht wird. Ein anderes sehr wichtiges Thema ist Vertraulichkeit und Sicherheit. Health Information Technology (HIT) soll hier Lösungen fördern, welche die Privatsphäre und Sicherheit der Patientendaten schützen und dennoch den Zugriff, Austausch und die Nutzung der Informationen für die Verbesserung der Gesundheitsversorgung erlauben.[67]

3.2 Ziele von E-Health

Mittels E-Health soll den Patienten ein Zugang zu Services im Gesundheitswesen ermöglicht werden womit relevante Informationen zur Verfügung stehen, auf welche einfach und rasch zugegriffen werden kann. E-Health soll eine digitale Kommunikation zwischen den Leistungsanbietern im Gesundheitswesen ermöglichen und dabei die Bürger bzw. Patienten in den Kommunikationsprozess integrieren. Neben einer verbesserten Versorgungsqualität, der Optimierung der Prozesse sowie mehr Wirtschaftlichkeit, soll vor allem die geschaffene Transparenz für die Patienten eine Grundlage für mehr Selbstbestimmung und Eigenverantwortung bringen.[68]

Die Europäische Union hat in deren strategischen Dokumenten eigene Ziele abgeleitet:
- **Die Gesundheit der Bürger** soll verbessert werden, indem lebensnotwendige Informationen, auch zwischen den Ländern, mittels E-Health Instrumenten zur Verfügung gestellt werden.
- **Die Qualität der Gesundheitsversorgung und der Zugang** sollen verbessert werden, indem E-Health in den EU-Ländern Teil der Gesundheitspolitik wird

---

[67] Vgl. URL: http://healthit.hhs.gov/portal/server.pt/community/healthit_hhs_gov__onc_initiatives/1497 [Stand: 14.04.2011].
[68] Vgl. Trill, 2009, S. 52.

und diese die dazu notwendigen politischen, finanziellen und technischen Strategien gemeinsam koordinieren.

- **Die E-Health Tools** sollen mehr Effizienz, Benutzerfreundlichkeit und Akzeptanz finden, indem Fachleute und Patienten in die Strategie, das Design und die Implementierung involviert werden.[69]

Diese europäischen und globalen Ziele erfordern eine integrierte Gesundheitsversorgung und Interoperabilität der Informationssysteme in den einzelnen Ländern.[70] Das bedeutet, dass die Gesundheitsdiensteanbieter eine wesentlich engere Zusammenarbeit anstreben sollen, um damit den Patienten eine bestmögliche Behandlung zur Verfügung zu stellen. Die GDA arbeiten zumeist mit modernen Informations- und Kommunikationstechnologien, beispielsweise mit Krankenhausinformationssystemen. Damit die unterschiedlich verwendeten Informationssysteme miteinander kommunizieren und Daten austauschen können, ist Interoperabilität erforderlich. Dies beinhaltet, dass die übermittelten Informationen korrekt interpretiert werden. Nur damit wird die gewünschte Steigerung der Qualität und Effizienz sowie Sicherheit und Effektivität bei der Gesundheitsversorgung ermöglicht.[71]

Um die Ziele von E-Health erreichen zu können, sind international anerkannte Rahmenbedingungen notwendig, die auf gemeinsamen technischen und inhaltlichen Standards basieren. Wie die nachfolgende Abbildung 12 aufzeigt, sind neben den politischen Rahmenbedingungen, welche u.a. die notwendigen gesetzlichen Grundlagen schaffen, auch die organisatorischen und sozialen Rahmenbedingungen zu beachten. Das Involvieren unterschiedlicher Interessensvertreter spielt für die Akzeptanz und in späterer Folge für eine durchgängig erfolgreiche Umsetzung von E-Health Anwendungen eine wesentliche Rolle. All dies nützt wenig, wenn nicht auch die technischen Rahmenbedingungen erfüllt sind und mittels moderner Informations- und Kommunikationstechnologien die Bedürfnisse der Patienten und Gesundheitsdiensteanbieter erfüllt werden.

---

[69] Vgl. URL: http://ec.europa.eu/health/ehealth/policy/index_en.htm [Stand: 20.03.2011].
[70] Vgl. URL: http://www.i-med.ac.at/msig/service/oeehealth_strategie.pdf [Stand: 14.05.2011].
[71] Vgl. URL: http://www.ehr-implement.eu/ [Stand: 25.03.2011].

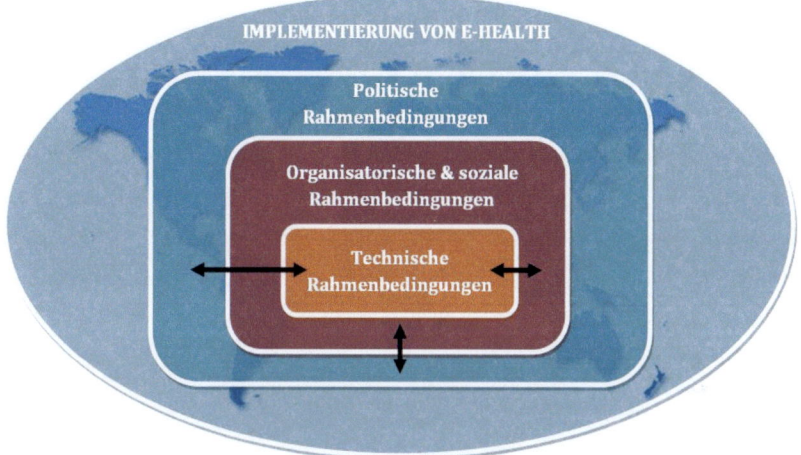

Abbildung 12: Grundlagen für die Implementierung von E-Health[72]

Um weltweit diese technischen, organisatorischen, sozialen sowie politischen Rahmenbedingen zu schaffen, sind große Anstrengungen und Kooperationen in jedem dieser Bereiche notwendig. Auf politischer Ebene versucht beispielsweise die europäische Union eine Vorreiterrolle einzunehmen und bei der Beseitigung der vorhandenen Hindernisse für elektronische Gesundheitsdienste zu unterstützen. Jedoch können viele Probleme, gerade jene des organisatorischen und sozialen Bereiches, nur auf nationaler und regionaler Ebene gelöst werden. Bei den technischen Rahmenbedingungen wiederum gibt es weltweit bereits zahlreiche Initiativen und Organisationen, welche sich bemühen, Standards zu entwickeln und eine Umsetzung in den einzelnen Ländern in Form von Richtlinien und Gesetzen zu fördern. Einige dieser Standards sind für die Übertragung der Labordaten relevant und werden im Zuge dieses Buches in Kapitel 3.5.3 erläutert.

---

[72] Eigene Abbildung

3.3 E-Health in Österreich

Die europäische Union hatte im Jahr 2004 eine Mitteilung vorgelegt, welche von einer Verbesserung der Gesundheitsfürsorge für Europas Bürger handelte. In diesem Aktionsplan wurden die Mitgliedsländer u.a. aufgefordert, die Entwicklungsperspektiven für den Einsatz von Informations- und Kommunikationstechnologien im Gesundheitswesen festzulegen.[73] Die österreichische E-Health Strategie orientiert sich daher an diesem und anderen europäischen Aktionsplänen sowie an den bereits vorhandenen Anforderungen von E-Government.[74] Aus dieser Strategie wurden Ziele abgeleitet, die im nächsten Kapitel beschrieben werden.

3.3.1 Ziele E-Health Österreich

Österreich hat sich zum Ziel gesetzt, ein landesweites sicheres Informations- und Kommunikationssystem aufzubauen. Dieses hat in erster Linie die Rechte der Bürger zu wahren und muss den berechtigten Teilnehmern sicher, rasch, orts- und zeitunabhängig sowie kostengünstig die wichtigen und relevanten Informationen für Diagnose und Therapie, die Prävention und Rehabilitation zur Verfügung stellen. Dabei muss die Übertragung von Daten folgende Rahmenbedingungen erfüllen:

- Verwendung einheitlicher technischer Kommunikationsstandards
- Nutzung inhaltlicher Dokumentationsstandards
- Anwendung der technisch und organisatorisch möglichen Datenschutz- und Datensicherheitsmaßnahmen[75]

Für die an E-Health teilnehmenden Akteure bedeutet dies klare Rahmenbedingungen, welche für eine koordinierte langfristige Entwicklung von E-Health in Österreich notwendig sind. Damit wird auch ein bestmöglicher Nutzen für die Patienten durch Einsatz von IKT im Gesundheitswesen angestrebt. Da es zumeist um personenbezogene Daten geht und diese streng vertraulich behandelt werden müssen, sind die angeführten

---

[73] Vgl. URL: http://www.i-med.ac.at/msig/service/oeehealth_strategie.pdf [Stand: 14.05.2011].
[74] Vgl. URL: http://www.i-med.ac.at/msig/service/oeehealth_strategie.pdf [Stand: 10.04.2011].
[75] Vgl. URL: http://www.i-med.ac.at/msig/service/oeehealth_strategie.pdf [Stand: 10.04.2011].

Rahmenbedingungen notwendig. Diese schaffen eine vertrauensvolle Basis für die Bürger (Patienten) und damit die notwendige Akzeptanz.[76]

Weitere Ziele sind das Wissensmanagement im Gesundheitswesen für alle Beteiligten auszubauen und die Bürger bei deren erhöhter Mobilität zu unterstützen sowie diese in eine aktivere Rolle bei der eigenen Gesundheitsversorgung zu bringen.[77]

Die Rahmenbedingungen dienen aber nicht nur der Sicherheit der Patienten sondern unterstützen auch die Anbieter von Informationssystemen bei deren Weiterentwicklungen. Die notwendige Interoperabilität wird durch Standards und Richtlinien gefördert und eine kontinuierliche Qualitätsverbesserung und Effizienzsteigerung im Gesundheitswesen kann durch den Einsatz bereichsübergreifender IKT erreicht werden. Im Bereich der Analytik wird dadurch beispielsweise der automatische und sichere Austausch von Labordaten zwischen den Krankenhausinformationssystemen ermöglicht.

3.3.2 Österreichische E-Health Initiativen

Bevor die europäische Union damit begann international einheitliche Strategien im Bereich von E-Health auszuarbeiten, wurde dieses Thema von vielen Staaten bereits auf nationaler Ebene behandelt. In Österreich wurden ebenfalls Initiativen mit dem Ziel gestartet, die Informations- und Kommunikationstechnologien im Bereich E-Health zu forcieren und hierbei die elektronische Datenübertragung zu verbessern. Einer der ersten Meilensteine war die Einrichtung der STRING-Kommission, welche die Standards und Richtlinien im Gesundheitswesen definiert.

3.3.2.1 STRING-Kommission

Die STRING-Kommission erhielt die Aufgabe, die vorhandenen Standards und Richtlinien im Gesundheitswesen aufzubereiten. Die Kommission steht dem Gesundheitsministerium nun bereits seit Ende 1995 beratend zur Verfügung und geht dabei folgenden Zielen nach:

- Förderung der Anwendung von Standards der Dokumentation und der Informationsübermittlung (von besonderer Bedeutung ist dabei die Kompatibilität der Tätigkeiten mit internationalen Normungsaktivitäten)

---

[76] Vgl. Tauss, 2008, S. 67.
[77] Vgl. URL: http://www.i-med.ac.at/msig/service/oeehealth_strategie.pdf [Stand: 14.04.2011].

- Ausarbeitung von Empfehlungen für Richtlinien, Verordnungen und Gesetze unter besonderer Berücksichtigung der datenschutzrechtlichen Sensibilität von medizinischen Inhalten

- Koordination von Telematikaktivitäten der Einrichtungen und Institutionen des Gesundheitssystems[78]

Bei der Ausarbeitung wurden unter anderem die MAGDA-LENA (Medizinischer und administrativer Datenaustausch – Logisches Netzwerk Austria) Rahmenbedingungen erarbeitet. Mittels MAGDA-LENA wurden die in Abbildung 12 dargestellten technischen und organisatorischen Rahmenbedingungen zur Entwicklung eines österreichischen Gesundheitsdatennetzes mit Unterstützung der Politik geschaffen. Aufgrund der sensiblen Daten, nehmen dabei die Datensicherheit und der Datenschutz für die elektronische Übertragung einen hohen Stellenwert ein.[79] Ziel der MAGDA-LENA Rahmenbedingungen ist es, die Interoperabilität zwischen Leistungsanbietern und Kostenträgern im österreichischen Gesundheitswesen sicherzustellen und dabei den erwähnten Datenschutz zu wahren.[80]

3.3.2.2 eHealth Initiative EHI

Eine weitere Initiative des österreichischen Gesundheitsministeriums war die Gründung der eHealth Initiative (EHI) im Jahr 2005. Dieser Initiative, die sich aus freiwilligen Mitgliedern aller Bereiche des Gesundheitswesens zusammensetzt, wurde als erstes Ziel die Konzeption einer österreichischen E-Health Strategie aufgetragen. Dafür wurden entsprechend den definierten Schwerpunkten sieben Arbeitskreise gebildet:

Arbeitskreise	Schwerpunkt
AK 1	Nationale E-Health Strategie
AK 2	Interoperabilität – Standardisierung
AK 3	Patientenidentifikation und Identifikationsmanagement; (Langzeit-) Archivierung

---

[78] URL: http://www.bmg.gv.at/home/Schwerpunkte/E_Health/E_Health_in_Oesterreich/STRING_Kommission [Stand: 26.03.2011].
[79] Vgl. Leiner et al., 2006, S. 146.
[80] Vgl. URL: http://www.meduniwien.ac.at/msi/mias/STRING/Kurzin.html [Stand: 23.05.2011].

AK 4	Vernetzung des Gesundheits- und Sozialwesens
AK 5	Bürgerorientierte Informationssysteme
AK 6	Systembezogene Informationssysteme
AK 7	Telemedizinische Dienste

Tabelle 2: Schwerpunkte der EHI[81]

Die Entwürfe der österreichischen E-Health Strategie wurden seitens EHI nach der Prämisse ausgearbeitet, dass E-Health ein Service für den Bürger sein muss und eine Modernisierung des Gesundheitswesens im Hinblick auf eine integrierte Versorgung unterstützt werden soll. Die Strategie umfasst u.a. auch die Einführung der elektronischen Gesundheitsakte (ELGA), welche im nachfolgenden Kapitel 3.5.1 näher erläutert wird.

Die Vision von EHI ist, dass E-Health für die Bevölkerung ein integriertes Management der Gesundheit mittels Einsatz von Informations- und Kommunikationstechnologien ermöglicht. Damit sollen die Prozesse aller Akteure unter Berücksichtigung des Datenschutzes und der Datensicherheit im Gesundheitswesen unterstützt werden. Dies umfasst die rasche Verfügbarkeit relevanter Patientendaten, um schnelle und vor allem richtige Entscheidungen treffen zu können. Die Zurverfügungstellung jener Daten, die über einen elektronischen Datenaustausch erfolgt, muss genauen Richtlinien folgen und eine Anonymisierung der Gesundheitsdaten gewährleisten. Der Austausch von Patientendaten ist dabei ein zentrales Ziel von EHI. Redundante Daten in den jeweiligen Systemen sowie unterschiedlich gesicherte Versionsstände müssen vermieden werden. Auch das gehört zu jenen Anforderungen, die von EHI beachtet und ausgearbeitet werden. Bei all diesen Anforderungen und Zielen orientiert sich das EHI an den E-Health Aktionsplänen der EU. Die dabei verfolgten informationstechnischen Grundprinzipien wurden von anderen österreichischen Initiativen, wie beispielsweise MAGDA-LENA, eingearbeitet. Sie haben für die österreichische E-Health Strategie zu folgenden Kernpunkte geführt:

- Die Patienten, Akteure und Produkte müssen eindeutig identifizierbar sein. Für die Patientenidentifikation wird dabei die E-Card herangezogen.

---

[81] Vgl. URL: http://www.i-med.ac.at/msig/service/oeehealth_strategie.pdf [Stand: 14.04.2011].

- Eine einheitliche Nomenklatur für die Diagnosen und Prozeduren muss erzielt werden.
- Für die patientenbezogenen Informationen steht ein standardisiertes Modell zum Austausch von Dokumenten und Daten zur Verfügung. Dies beinhaltet eine definierte Architektur und Struktur für die wesentlichen Dokumente. So müssen beispielsweise Laborbefunde strukturiert und gemäß einem standardisierten Aufbau erfasst werden.
- Eine dezentrale Rechteverwaltung muss entsprechend den Datenschutz-Standards sichergestellt werden.
- Die Speicherung von relevanten Daten erfolgt dezentral und muss eine hohe performante Verfügbarkeit aufweisen.
- Der Datenschutz ist gemäß nationalen und internationalen Anforderungen zu erfüllen. [82]

Die Vision von EHI sieht vor, dass bis zum Jahr 2015 berechtigten Personen die wichtigsten Gesundheitsdaten orts- und zeitunabhängig in einer optimal aufbereiteten Form zur Verfügung stehen. Zu den wichtigsten Gesundheitsdaten gehört beispielsweise die Blutgruppe, die aus dem Bereich der Analytik bestimmt wird. Dies ist einer jener Gründe, weshalb der elektronische Befund aus dem Labor ein Kernthema in der österreichischen E-Health Strategie darstellt.

3.3.2.3 ELGA GmbH

Die ELGA GmbH wurde im November 2009 gegründet und damit beauftragt alle operativen Maßnahmen zur Einführung der elektronischen Gesundheitsakte in Österreich zu koordinieren und zu integrieren. Weiters umfasst das Aufgabenfeld die Errichtung von Systemkomponenten, die Begleitung von Pilotprojekten sowie das Qualitäts- und Akzeptanzmanagement für die ELGA.[83]

Die ELGA GmbH ist die Nachfolgeorganisation der ARGE ELGA (Arbeitsgemeinschaft elektronische Gesundheitsakte). Diese wurde im Juni 2006 durch einen Beschluss der österreichischen Bundesgesundheitsagentur mit dem Ziel ins Leben gerufen, die elektronische Gesundheitsakte umzusetzen. Diese stellt einen wesentlichen Teil der

---

[82] Vgl. URL: http://www.i-med.ac.at/msig/service/oeehealth_strategie.pdf [Stand: 02.04.2011].
[83] Vgl. URL: http://www.elga.gv.at/index.php?id=33 [Stand: 10.04.2011].

österreichischen E-Health Strategie dar.[84] Im Zuge dessen sollte die Entwicklung und Vernetzung von bestehenden und zukünftigen elektronischen Informations- und Dokumentationssystemen im österreichischen Gesundheitswesen forciert werden, um damit die Qualität, Effektivität und Effizienz der gesundheitlichen Versorgung zu steigern.

Die Aufgaben der Arbeitsgemeinschaft teilen sich folgendermaßen auf:

- Steuerungs- und Koordinierungsunterstützung für die Bundesgesundheitsagentur
- Strategische Prioritätensetzung für die Errichtung der ELGA und die Festlegung des Fahrplans für deren Umsetzung
- Detailkonzeption und Umsetzung von Projekten zur Einführung der ELGA sowie Ausarbeitung von Finanzierungsvorschlägen
- Einforderung notwendiger gesetzlicher Rahmenbedingungen und verbindliche Anwendung anerkannter Standards
- Krisen- und Eskalationsmanagement
- Evaluierung von Projektergebnissen[85]

Die ELGA GmbH hat diese Aufgaben mit der Integration der ARGE ELGA übernommen und arbeitet nun daran, die elektronische Gesundheitsakte, umzusetzen.[86]

3.4 Bereiche von E-Health

Die Bereiche von E-Health stützen sich im Allgemeinen auf vier Säulen, bei denen die Vernetzung der Leistungsanbieter aus dem Gesundheitswesen eine wesentliche Rolle spielt. Durch die Bereitstellung von relevantem medizinischem Inhalt können Dienstleistungen besser, schneller und kostengünstiger erbracht werden. Dadurch entstehen weitere neue Geschäftsmodelle, die positiven Einfluss auf das Geschehen im Gesundheitswesen haben können.

---

[84] Vgl. URL: http://www.bmg.gv.at/home/Schwerpunkte/E_Health/ELGA_Die_Elektronische_Gesundheitsakte/ Elektronische_Gesundheitsakte_ELGA_die_erste_Umsetzungsphase [Stand: 10.04.2011].
[85] Vgl. URL: http://www.elga.gv.at/fileadmin/user_upload/uploads/download_Papers/Arge_Papers/ Vereinbarung_ARGE_ELGA_ohne_Unterschriften.pdf [Stand: 10.04.2011].
[86] Vgl. URL: http://www.medical-tribune.at/dynasite.cfm?dsmid=104128&dspaid=870791 [Stand: 24.05.2011].

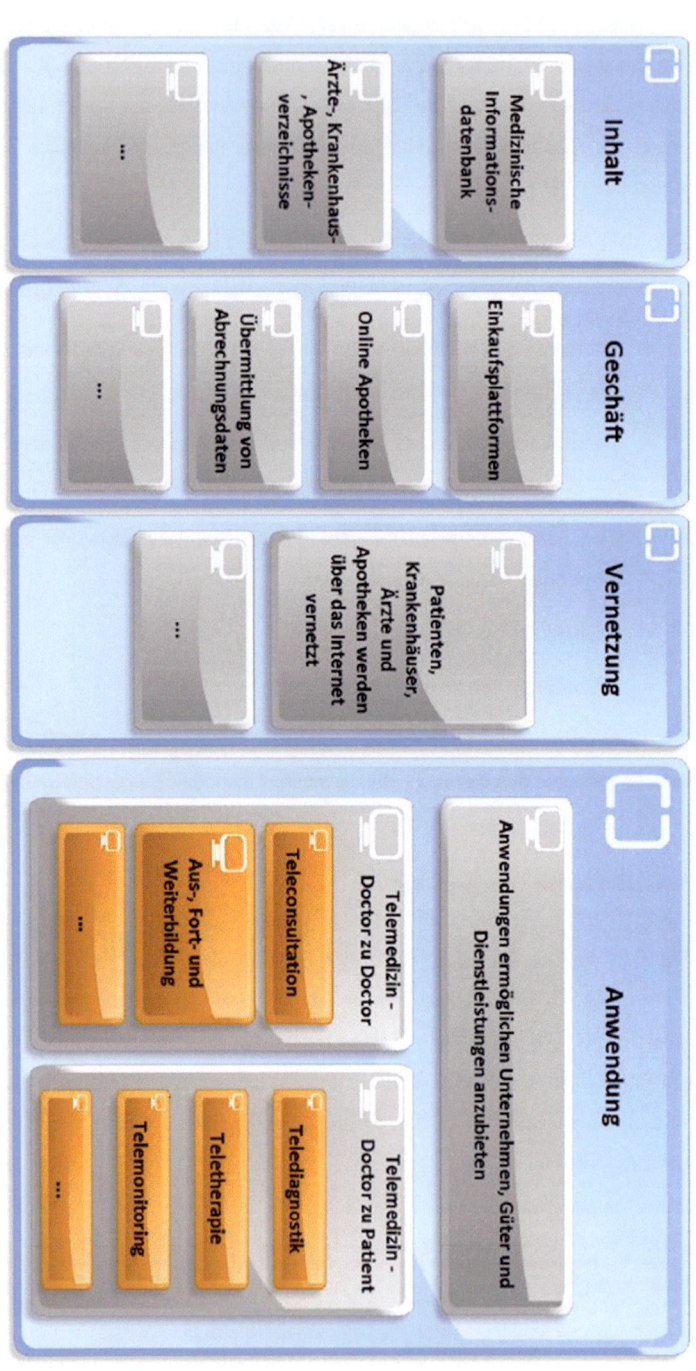

Abbildung 13: 4 Säulen von E-Health[87]

---

[87] Vgl. Trill, 2009, S. 53.

In Abbildung 13 sind die sich gegenseitig beeinflussenden Bereiche ersichtlich, welche in deren Grobstruktur aufgeschlüsselt werden. Nachfolgend werden diese Bereiche mit Beispielen erläutert. Für die Übertragung analytischer Daten ist vor allem die Säule „Vernetzung" von hoher Bedeutung.

3.4.1 Säule „Inhalt"

Die Säule „Inhalt" behandelt die klinischen Informationssysteme, die spezielle Technologien zur Datenspeicherung und –aufbereitung für den stationären und auch ambulanten Bereich umfassen. Dies inkludiert u.a. Krankenhausinformationssysteme, in denen gesundheitsrelevante Informationen, Gesetze und Richtlinien entsprechend gesichert und für Anwendungen wie Analytik und Diagnostik herangezogen werden können. Die Säule „Inhalt" dient hauptsächlich dazu, medizinisches Know-How jenen Personen zur Verfügung zu stellen, die unmittelbar am Versorgungsprozess beteiligt sind. Damit sollen in diesem Bereich die Qualität und Kompetenzen erhöht werden. Dies gilt jedoch nicht nur für Krankenhausinformationssysteme, welche hauptsächlich die GDA informieren. Das Internet bietet den Menschen die Möglichkeit sich vorab über Krankheiten, Symptome und mögliche Therapien zu informieren. Damit diese Informationen zu keinen Missverständnissen zwischen behandelndem Arzt und Patienten führen und Patienten keine falschen Informationen aufgrund von monetären Absichten (bspw. der Verkauf spezieller Präparate) dritter Anbieter erhalten, ist es wichtig, den Bürgern qualitativ hochwertige Daten und Auskünfte zur Verfügung zu stellen. Österreich stellt sich diesem Trend durch die Schaffung eines Informationsportals.

3.4.1.1 Beispiel - Gesundheitsportal Österreich

Über das öffentliche Gesundheitsportal Österreichs „GESUNDHEIT.GV.AT" werden interessierten Menschen unabhängige, qualitätsgesicherte und serviceorientierte Informationen rund um die Themen Gesundheit und Krankheit zur Verfügung gestellt. Der Herausgeber der Informationen ist das österreichische Bundesministerium für Gesundheit. Es wird streng darauf geachtet, dass die dargestellten Informationen richtig, vollständig, objektiv und aktuell sind. Die Grundlagen für den dahinterliegenden Qualitätssicherungsprozess stammen von der europäischen Union sowie von international anerkannten Organisationen.

Der Inhalt der Website reicht von Informationen zur Gesundheitsvorsorge (bspw. Vorsorgeuntersuchungen) über Gesundheitsleistungen (Medikamente, Patientenrechte, etc.) bis zum Laborbefund. Hierbei wird der diagnostische Prozess im Labor von der Blutabnahme bis zur Analytik erklärt und auch Erklärungen zu den Laborwerten geliefert. Weiters stellt GESUNDHEIT.GV.AT auch allgemeine Informationen über das österreichische Gesundheitssystem zur Verfügung. Es gibt aber auch die Möglichkeit einer Service-Suche, bei der die Bürger unterstützt werden, den richtigen GDA in nächster Nähe zu finden. Folgende Angebote beinhaltet die Homepage:

- Informationen über gesundes Leben und die Vermeidung bzw. Verringerung von Gesundheitsrisiken
- Informationen über Krankheiten, Diagnose- und Behandlungsmethoden einschließlich Arzneimittel und Medizinprodukte
- Informationen über die vielfältigen Dienstleistungsangebote der Einrichtungen und Angehörigen der Gesundheitsberufe sowie die Modalitäten der Inanspruchnahme und Finanzierung dieser Leistungen
- Informationen über den Aufbau und die Strukturen des Gesundheitswesens
- Informationen über weiterführende Services[88]

Dieses Gesundheitsportal soll den Menschen jene Informationen zum Thema Gesundheit zur Verfügung stellen, die für sie relevant sind und in der Sicherstellung und Erweiterung der Mitwirkungs- und Entscheidungsmöglichkeiten bei der Gesundheitsversorgung unterstützen.

3.4.2 Säule „Geschäft"

Die Säule „Geschäft" umfasst Systeme, welche das Gesundheitswesen unterstützen, ohne in den Prozess klinischer Anwendungen einzugreifen. Damit werden u.a. Internetportale wie Online Apotheken abgedeckt, über die Bürger online Medikamente bestellen, die bis nachhause geliefert werden.

---

[88] Vgl. URL: https://www.gesundheit.gv.at/Portal.Node/ghp/public/content/Ueber_uns_LN.html [Stand: 13.04.2011].

3.4.2.1 Beispiel – Online Apotheke

Eine Online Apotheke hat im Grunde die gleiche Funktion wie eine herkömmliche Apotheke. Der große Unterschied ist jener, dass die Beratung zu den Medikamenten sowie die Auswahl und der Einkauf auf elektronischem Weg über das Internet erfolgt. Viele Online Anbieter ermöglichen jedoch auch eine Bestellung via Telefon, per Fax oder Post. Bei Online Apotheken besteht ebenfalls die Möglichkeit, rezeptpflichtige Medikamente zu beziehen, wofür jedoch im Normalfall das Originalrezept eingeschickt werden muss. Die Verwendung von E-Medikation schafft hier Möglichkeiten zu Verbesserung, zumal die Rezepte in Zukunft online abgerufen und abgeglichen werden können und damit kein Ausdruck mehr notwendig ist. Die Patienten ersparen sich den Weg zur Apotheke und können den Kauf bequem von zuhause abwickeln.

3.4.3 Säule „Anwendung"

Die Säule „Anwendung" deckt Technologien zum Transfer von Informationen ab. Der Fokus liegt im Bereich der Telemedizin und Homecare. Damit können gesundheitsbezogene Daten von zuhause aus an ein Krankenhausinformationssystem übermittelt und damit dem Arzt zusätzliche Informationen für die richtige Diagnostik bzw. Therapie angeboten werden. Viele dieser Bereiche und deren Anwendungen aus Abbildung 13 sind in Österreich bereits in Planung und teilweise auch schon in Verwendung. Eine der ersten öffentlichkeitswirksamsten E-Health Anwendungen ist die elektronische Versicherungskarte, die E-Card.

3.4.3.1 Beispiel - Elektronische Versicherungskarte

Die österreichweite Implementierung der E-Card im Jahr 2005 war ein Meilenstein. Der Sozialversicherungsausweis in Form einer Chipkarte hat entscheidend zur Verbesserung der Infrastruktur beigetragen. Die Gesundheitsdienstleister wurden mittels einer Breitbandvernetzung (ADSL) mit dem Sozialversicherungsträger elektronisch verbunden. Dazu wurden ein Router, ein Chipkartenlesegerät sowie eine Informationsnetzadapterbox vom Hauptverband zur Verfügung gestellt. In Kombination mit der jeweiligen Informationssoftware kann durch die Verwendung der E-Card eine elektronische Authentifizierung des Patienten und eine Überprüfung deren Versicherungsansprüche erreicht werden. Dieser Vorgang findet online über eine gesicherte Datenleitung, ein sogenanntes VPN (Virtual Private Network) statt. Die E-Card selbst enthält keine medizinischen Daten sondern beinhaltet personenbezogene Daten, welche für die Identifikation notwendig sind.[89] Auf der Vorderseite der E-Card werden diese Informationen wie der Name, Titel und die Versicherungsnummer des Karteninhabers lesbar angedruckt. Weiters sind noch die Kennnummer des Sozialversicherungsträgers, die Kennnummer der Karte und das Ablaufdatum ersichtlich sowie abrufbar. Da die Versicherungskarte für die Patienten nicht nur in Österreich, sondern auch im Rest von Europa als Schlüssel zum Gesundheitssystem dienen soll, befindet sich auf der Rückseite die Europäische Krankenversicherungskarte.

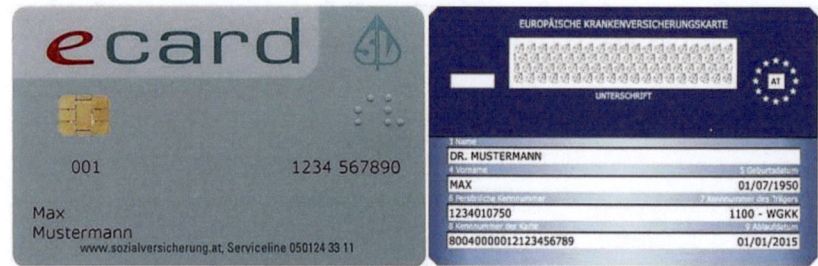

Abbildung 14: Österreichische und europäische Krankenversicherungskarte[90]

Die in Abbildung 14 dargestellte E-Card ist Teil des NETC@RDS Projektes, einem von der EU geförderten Projektes. Es soll die Mobilität der Bürger Europas fördern, indem deren nationale Gesundheitskarten auch im Ausland verwendet werden können. Sie ersetzt somit den Auslandskrankenschein. Eine Identifikation der Patienten, welche den ersten Schritt in der Analytik und des diagnostischen Prozesses darstellt, ist damit in Europa möglich geworden.

In den letzten Jahren wurde die elektronische Versicherungskarte in vielen europäischen Ländern eingeführt. Dabei wurde vor allem auf nationale Vorschriften und Gesundheitsinformationssysteme geachtet, was dazu geführt hat, dass keine durchgängige Interoperabilität gegeben ist. Mit dem NETC@RDS Projekt soll die Interoperabilität gefördert werden, indem gewisse Angaben auf den Karten vereinheitlicht und damit eine elektronische Ablesbarkeit und Verarbeitung ermöglicht wird. Die elektronische Versicherungskarte wird als Brücke für weitere zukünftige E-Health Applikationen

---

[89] Vgl. URL: http://www.chipkarte.at [Stand: 25.03.2011].
[90] Abbildung übernommen aus: URL:
http://www.chipkarte.at/portal27/portal/ecardportal/channel_content/
cmsWindow?action=2&p_menuid=51922&p_tabid=4 [Stand: 26.03.2011].

gesehen, wie beispielsweise die E-Medikation oder die elektronische Gesundheitsakte. So werden für die E-Medikation die Rezepte auf der Karte oder einem eRezept Server abgespeichert. In der Apotheke kann das Rezept durch Verwendung der Karte abgerufen werden. Wechselwirkungen mit bereits verschriebenen Medikamenten sollen damit vermieden werden. In vielen Ländern werden auch gesundheitsrelevante Informationen auf dieser Karte gespeichert. So dürfen berechtigte GDA die gespeicherten Notfalldaten abrufen, um damit eine rasche und hohe Behandlungsqualität sowie Behandlungssicherheit zu erreichen. Die unterschiedlichen Kartensysteme haben jedoch immer eines gemeinsam, die Identität des Patienten kann festgestellt werden und damit eine Überprüfung, ob der Patient krankenversichert ist und die Leistungen kostenmäßig gedeckt sind.

3.4.4 Säule „Vernetzung"

Der vernetzte Einsatz der E-Health Bereiche und Anwendungen schafft einen ersichtlichen Mehrwert für die Stakeholder im Gesundheitswesen. Die Säule „Vernetzung" betrifft regionale und nationale Gesundheitsinformationsnetzwerke wie die E-Medikation oder die geplante Übertragung von Labordaten. Hierfür werden beispielsweise übergreifende Systeme, wie die elektronische Gesundheitsakte verwendet, um die Vernetzung zu forcieren.

3.4.4.1 Beispiel – Elektronische Gesundheitsakte

Bei der elektronischen Gesundheitsakte handelt es sich um elektronische Aufzeichnungen klinischer und gesundheitsbezogener Daten eines Menschen. Diese werden verteilt bei Leistungserbringern und Patienten zusammengefasst und danach omnipräsent, lebenslang, unabhängig von Ort und Zeit, allen am Behandlungsprozess beteiligten Akteuren inklusive den Patienten, bedarfsgerecht präsentiert.[91] Eine solche elektronische Gesundheitsakte ist nur möglich, wenn eine ausreichende Vernetzung zwischen den Akteuren im Gesundheitswesen und den Patienten vorhanden ist. Mit der Entwicklung und der Forcierung des Zugangs zum Internet für die Menschen entsteht mit der elektronischen Gesundheitsakte eine vernetzte Aufzeichnung des Gesundheitszustandes eines Menschen. Diese beginnt mit der Geburt und würde erst mit dem Tod enden. Die

---

[91] Vgl. Warda, 2006, S. 374.

Nutzung dieses Produktes erfordert neben der Einhaltung datenschutzrechtlicher Gesetze und Richtlinien u.a. auch das Einverständnis aller am Prozess beteiligten Akteure. So müssen die Patienten damit einverstanden sein, dass persönliche Daten von berechtigten Personen abgerufen werden können. Diese berechtigten Personen müssen wiederum in der Lage sein, diese neue Datenmenge bewältigen und sinnvoll nutzen zu können. Informationssysteme sollen dabei unterstützen, die relevanten Daten zusammenzuführen und damit die Behandlung der Patienten zu verbessern.

Die elektronische Gesundheitsakte ist im Bereich E-Health von zentraler Bedeutung für den Austausch von Informationen wie beispielsweise jene Daten aus der Analytik. Aus diesem Grund wird auf diese Anwendung im nächsten Kapitel näher eingegangen.

3.5 Elektronische Gesundheitsakte

Die elektronische Gesundheitsakte findet in unterschiedlichen Ausprägungen weltweit ihre Anwendung. Das englische National Health Service (NHS) erläutert die elektronische Patientenakte bereits 1998 in einem Strategiepapier, beispielsweise als regelmäßige Aufzeichnung der Gesundheitsdaten durch eine Einrichtung des Gesundheitswesens.[92] In anderen Definitionen wird diese Erklärung insofern ergänzt, als dass die Patientenakte mehreren Akteuren zur Verfügung steht und durch diese erweitert bzw. ergänzt wird. Die unterschiedlichen Auffassungen kommen durch die nationalen Entwicklungen der elektronischen Gesundheitsakte zustande. Diese Entwicklung kann im Allgemeinen in fünf Stufen zusammengefasst werden, welche sich v.a. durch die Art des technologischen Entwicklungsstandes unterscheiden.[93] Die nachfolgende Tabelle soll diese 5 Stufen verdeutlichen:

Entwicklungsstufe	Beschreibung
Stufe 1 Automated Medical Record	Zu Beginn der Gesundheitsakte steht die Dokumentation über den Patienten in einer Fieberkurve (Dokument in Papierform). Diese erste Stufe ist in Krankenhäusern und anderen Einrichtungen eine noch immer sehr häufig praktizierte Form, wie die Gesundheitsdaten eines Patienten dokumentiert werden. Neben dieser Form der

---

[92] Haas, 2005, S. 191.
[93] Vgl. URL: http://www.nasbhc.org/atf/cf/%7BCD9949F2-2761-42FB-BC7A-CEE165C701D9%7D/TA_HIT_what%20is%20an%20emr.pdf [Stand: 09.04.2011].

	Datenhaltung wird jedoch bereits mit IT-Unterstützung wie einem Krankenhausinformationssystem gearbeitet.
Stufe 2 Computerized Medical Record	In der zweiten Stufe, werden diese Daten zwar noch immer in Papierform aufgenommen, jedoch digitalisiert und über die vorhandenen IT-Systeme zugänglich gemacht. Ein Zugriff auf die Krankenakte über bspw. ein Krankenhausinformationssystem wird ermöglicht, was zu einer Verbesserung des Informationsflusses führt.
Stufe 3 Electronic Medical Record	Die elektronische medizinische Aufzeichnung ist die dritte Stufe, welche bereits eine direkte Eingabe von Daten in die vorhandenen Systeme wie das KIS erfordert. Eine solche Umstellung führt in den meisten Fällen zu einer Neustrukturierung der internen Prozesse. Es muss klar definiert werden, von wem, welche Patientendaten im Informationssystem eingegeben werden und in welcher Form (Terminologie, Struktur, usw.) dies zu geschehen hat. Damit verbunden sind unter anderem auch die Zugriffsrechte, um die notwendige Datenintegrität zu wahren.
Stufe 4 Electronic Patient Record	Wird die elektronische Patientenakte erreicht, findet die Dokumentation nicht nur noch in der internen Einrichtung des GDA statt. Zu diesem Zeitpunkt fließen bereits alle versorgungsrelevanten Informationen zu einem Patienten aus unterschiedlichen Systemen in eine zentrale oder dezentrale Patientenakte ein. Auf diesem technologischen Level wird eine breite Anwendung von telemedizinischen Verfahren ermöglicht, da eine Integration externer Daten in geordneter und sicherer Form stattfindet. Eine eindeutige Identifikation, welche auch bereits in den vorherigen Stufen eine hohe Bedeutung aufweist, wird durch die institutionsübergreifende Dokumentation unumgänglich.
Stufe 5 Electronic Health Record	Mit der elektronischen Gesundheitsakte wird der Weg des Web 2.0 eingeschlagen, indem der Patient aktiver Partner und Beteiligter bei der Informationserstellung ist. Die Informationen in der Akte handeln in dieser Stufe nicht nur noch von Krankheit und Therapie, sondern beinhalten Informationen für die Förderung der Gesundheit und dass diese beibehalten werden kann. Die Einbindung telemedizinischer Daten, welche durch Patienten selbst gewonnen werden, schaffen in dieser Stufe für den behandelten Arzt einen noch besseren Überblick über den Gesundheitszustand.

Tabelle 3: Entwicklungsstufen der elektronischen Gesundheitsakte[94]

---

[94] Vgl. Schramm-Wölk/Schug, 2004, S. 17f.

Um den Fortschritt der unterschiedlichen Länder in Bezug auf die elektronische Gesundheitsakte transparenter zu machen, wurde durch die europäische Union eine Empfehlung zur Evaluierung und Messung der E-Health Systeme ausgearbeitet. Dabei wird beobachtet, verglichen und festgestellt wie der Fortschritt grenzübergreifender elektronischer Gesundheitsakten in Bezug auf die technische und semantische Interoperabilität fortschreitet. Den teilnehmenden Ländern wird damit die Möglichkeit gegeben, sich untereinander zu vergleichen und Informationen über die Umsetzung auszutauschen. Von 34 europäischen Ländern konnte damit der Fortschritt in Bezug auf staatliche Aktivitäten festgestellt werden, welche im Bereich elektronischer Gesundheitsakten geschehen. Aufgrund der unterschiedlichen nationalen Bestrebungen und dem hohen Stellenwert der grenzüberschreitenden Interoperabilität, wird in den meisten Fällen die Entwicklungsstufe 4 (Electronic Patient Record) und Stufe 5 (Electronic Health Record) angestrebt.

Wie weit die einzelnen Nationen in deren Umsetzung sind, soll in nachfolgender Grafik durch die Projektphasen der 34 Länder dargestellt werden:

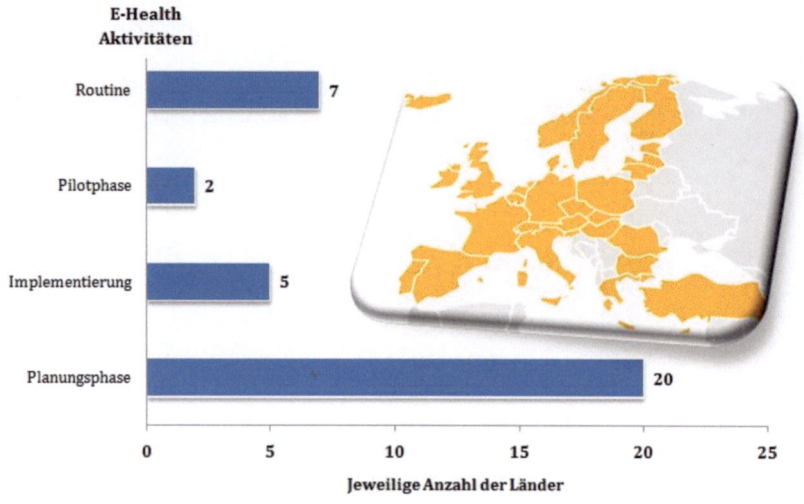

Abbildung 15: Projektphasen elektronischer Gesundheitsakten in Europa[95]

Auf dieser Grafik ist erkennbar, dass der Großteil der europäischen Länder sich in Bezug auf elektronische Gesundheitsakten noch in der Planungsphase befindet. Unter

---

[95] Vgl. Abbildung aus: Stroetmann et al., 2011, S. VII.

den hierbei evaluierten Ländern, handelt es sich um die 27 EU-Mitgliedsstaaten sowie die Schweiz, Island, Norwegen und die Türkei. Die historische Entwicklung von E-Health in Großbritannien hat dazu geführt, dass England, Schottland, Wales und Nordirland unterschiedliche Vorgehensweisen und Strategien haben. Allein dieser Umstand zeigt sehr gut auf, wie schwer es ist, eine gemeinsame länderübergreifende standardisierte Umsetzung der elektronischen Gesundheitsakte zu erreichen. Die unterschiedlichen Vorgehensweisen orientieren sich dabei jeweils stark an der vorhandenen IT-Infrastruktur, der Gesetzeslage, dem Datenschutz sowie an der Einstellung der Stakeholder. Die nachfolgende Tabelle weist darauf hin, dass bereits seit einigen Jahren der Fokus auf der Planung und Implementierung elektronischer Gesundheitsakten liegt. Die hierfür notwendigen Rahmenbedingungen ermöglichen im Zuge dieser Implementierung neue E-Health Applikationen, unter anderem den sicheren Austausch von Labordaten aus der Analytik.

Gemeldete E-Health Aktivitäten	Total 2007 E-Health	Total 2010 E-Health	Delta
Juristische Tätigkeiten	14	22	8
Evaluierungen	5	21	16
Elektronische Patientenakte	27	27	0
E-Medikation	16	22	6
Telehealth	23	27	4
Identifikation der Patienten	24	26	2
Identifikation der GDA	13	22	9
Versicherungskarte	22	25	3
GDA Karte	7	18	9
Standards (Technisch / Semantisch)	19	27	8

Tabelle 4: Kernbereiche nationaler E-Health Aktivitäten in den 27 EU-Ländern[96]

---

[96] Vgl. Stroetmann et al., 2011, S. VI.

In Tabelle 4 wird ersichtlich, dass viele Länder die E-Health Strategie um Kernbereiche wie bspw. ID-Karten für die Gesundheitsdiensteanbieter erweitert haben. Die elektronische Gesundheitsakte hat jedoch bereits seit 2007 einen hohen Stellenwert. Gründe dafür sind die folgenden Vorteile, die ein solches System auf nationaler und internationaler Ebene bietet.

Durch die elektronische Gesundheitsakte wird ein Wechsel von handschriftlichen Aufzeichnungen auf elektronische Dokumentation vollzogen. Bei vielen Ärzten führt dies zu Ablehnung, da sie es gewöhnt sind, die subjektiv wichtigen Informationen, ohne Einschränkung und ohne Beachtung gewisser Nomenklaturen, auf Papier zu bringen. In diesem Fall wären gesuchte Daten in den eigenen Unterlagen auch rasch auffindbar. Aufgrund der steigenden Mobilität der Patienten und der stetig anwachsenden Spezialisierung der GDA wird ein Teilen dieser Informationen jedoch immer sinnvoller. Die persönlichen gesundheitsrelevanten Unterlagen des Arztes zu einem Patienten sollen von anderen GDA eingesehen werden können, um damit die Behandlungsqualität zu erhöhen.

Hier beginnen die Nachteile der handschriftlichen Aufzeichnung und die klaren Vorteile der elektronischen Gesundheitsakte werden aufgezeigt. Es werden nun auch Daten vom Patienten gesichert, welche zuvor als nicht wichtig eingestuft worden sind. Welche zusätzlichen Angaben für andere Behandlungen jedoch benötigt werden, kann der Arzt in gewissen Fällen nicht wissen bzw. vorhersehen. Mit der elektronischen Gesundheitsakte werden nun genau jene Informationen ebenfalls erfasst, welche in einem späteren Behandlungsprozess benötigt werden. Gesundheitsdaten stehen anderen GDA, welche berechtigt sind auf diese Daten zuzugreifen, zur Verfügung. Die Daten können durch Suchfunktionen rasch gefunden und verwendet werden. Durch die erhöhte Transparenz und das Vorliegen zusätzlicher Daten, können doppelte Untersuchungen vermieden werden. Der Patient benötigt in diesem Fall keine zusätzliche Behandlung und es werden Zeit und Kosten eingespart.[97] Die elektronische Gesundheitsakte schafft sowohl für den GDA als auch für den Patienten einen deutlichen Mehrwert durch relevante Informationsbereitstellung.

Die Voraussetzung hierfür sind moderne Informations- und Kommunikationstechnologien. Europa gilt bei vielen Experten als weltweit antreibende Kraft einer modernen E-

---

[97] Vgl. Trill, 2009, S. 77ff.

Health Infrastruktur. Grund sind die von der europäischen Union geschaffenen Rahmenbedingungen und Strategien in Form des e-Health Action Plans aus dem Jahr 2004.[98] Eine wesentliche Rolle spielt aber auch das in Europa vorhandene Gesundheitswesen und Sozialsystem. E-Health wird als ein Verbesserungs- und Modernisierungsfaktor für die kostenintensiven Gesundheitssysteme angesehen und soll zukünftig auch als bedeutender Wirtschaftsfaktor neue Arbeitsplätze schaffen und neue Einnahmen lukrieren. Die elektronische Gesundheitsakte ist dabei einer der wichtigsten Faktoren, um die vielen nationalen Systeme transparenter zu machen und die Interoperabilität zu fördern.[99]

Österreich befindet sich momentan in der Implementierungsphase, wobei bereits einige Bereiche der elektronischen Gesundheitsakte in Form von Pilotprojekten in Teilen Österreichs getestet werden. Die jüngste Anwendung ist die E-Medikation, die im April 2011 in die Pilotphase gestartet ist.

3.5.1 ELGA Österreich

Die elektronische Gesundheitsakte oder elektronische lebensbegleitende Gesundheitsakte ELGA ist ein zentraler Bestandteil der österreichischen E-Health Strategie. Bei einer durch das Gesundheitsministerium im Mai 2007 in Auftrag gegebenen Machbarkeitsstudie wird ELGA als Gesundheitsakte in elektronischer Form beschrieben, welche patientenbezogene Gesundheitsinformation enthält. Funktionen sind hierbei die elektronische Dokumentation, Speicherung, Kommunikation sowie die Verarbeitung von patientenbezogenen, medizinischen Daten und Informationen aus verschiedenen Informationssystemen der GDA. Diese stehen, sofern sie als relevant klassifiziert worden sind, nicht nur für die gesetzlich festgelegte Aufbewahrungsfrist zur Verfügung, sondern allen berechtigten Personen zeitunabhängig am Ort der Behandlung.

Ziel dieser Machbarkeitsstudie, welche von IBM Österreich in enger Zusammenarbeit mit der Arbeitsgemeinschaft Elektronische Gesundheitsakte (ARGE ELGA) durchgeführt worden ist, war es, die Rahmenbedingungen und Funktionalitäten der ELGA-Basiskomponenten und Kernanwendungen zu konkretisieren sowie einen Masterplan

---

[98] Vgl. URL: http://ec.europa.eu/information_society/activities/health/policy/index_en.htm [Stand: 10.04.2011].
[99] Vgl. URL: http://eur-lex.europa.eu/LexUriServ/LexUriServ.do?uri=OJ:L:2008:190:0037:0043:DE:PDF [Stand: 10.04.2011].

für die Umsetzung der elektronischen Gesundheitsakte in Österreich auszuarbeiten. Die dabei ausgearbeitete Architekturlösung verfolgte dabei die Prämisse, dass die Versorgung der Patienten unter Beachtung aller nationaler und EU-weiter gesetzlichen Vorgaben sowie datenschutzrechtlichen Optionen sichergestellt wird.[100]

3.5.2 ELGA-Kernanwendungen

ELGA selbst besteht aus mehreren Anwendungen. Diese Anwendungen verfolgen alle das Ziel, den Zugang zu eigenen medizinischen Daten zu verbessern und damit die Patientenrechte zu stärken. Am Beispiel Österreich können die in nachfolgender Abbildung aufgezeigten Kernanwendungen von ELGA genannt werden, welche entsprechend der österreichischen E-Health Strategie zu Beginn in Angriff genommen werden sollen.

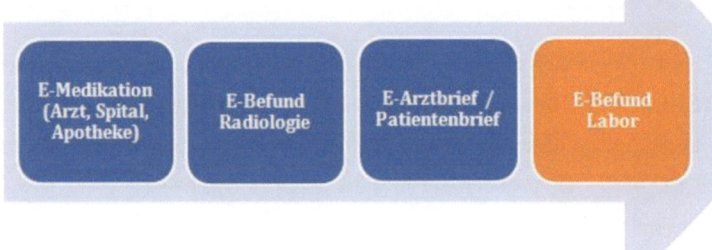

Abbildung 16: Übersicht der ELGA Kernanwendungen[101]

Wie die Abbildung 16 zeigt, handelt es sich bei den E-Health Kernanwendungen neben der elektronischen Medikation, dem elektronischen Radiologie-Befund und dem elektronischen Arzt- bzw. Patientenbrief, um den für diese Arbeit sehr relevanten Austausch von Laborbefunden.[102]

---

[100] Vgl. Machbarkeitsstudie ELGA - IBM, 2006, S. 22.
[101] Eigene Abbildung
[102] Vgl. URL: http://www.computerwelt.at/detailArticle.asp?a=132883&n=6 [Stand: 28.03.2011].

3.5.2.1 E-Medikation

Eine der jüngsten Anwendungen in Österreich aus dem Bereich Vernetzung wurde mit 1. April 2011 in die Pilotphase geschickt. Es handelt sich dabei um die E-Medikation, ein System, dass dem Arzt wie auch Apotheker ermöglicht, die bereits eingenommenen Medikamente eines Patienten einsehen zu können. Dem GDA stehen damit Daten zur Verfügung, die bei der Verordnung der Medikamente unterstützen können. Durch eine IT gestützte Überprüfung der Wechselwirkungen von Arzneimitteln kann sofort erkannt werden, ob die unterschiedlichen Medikamente zu Problemen führen. Die E-Card hat hierbei eine Schlüsselfunktion, indem diese den Zugriff auf das Arzneimittelkonto des jeweiligen Patienten erlaubt, einer Datenbank, in welcher die verordneten und von der Apotheke abgeholten Medikamente gespeichert sind. Gerade für Ärzte im Krankenhaus wird dies einen großen Nutzen darstellen, wenn der Patient nicht weiß, welche Medikamente er einnehmen muss.[103]

Besonders die Hinterlegung von Informationen zu nicht verschreibungspflichtigen Medikamenten und Heilmitteln sowie das Vermeiden von Mehrfachverschreibungen können bei der Verbesserung der Medikationstherapie unterstützen. Dies wirkt sich schlussendlich positiv auf die Gesundheit des Patienten aus.

3.5.2.2 E-Befund Radiologie

Mit dem elektronischen Radiologie-Befund soll eine rasche und einfache Bereitstellung der Radiologie-Untersuchungsergebnisse stattfinden. Die Ergebnisse werden durch elektromagnetische Strahlen gewonnen. Der Befund beinhaltet sehr oft Bilder, die für diagnostische, therapeutische und wissenschaftliche Zwecke herangezogen werden. Berechtigten wird ein Zugriff auf den Befund und die Röntgenbilder über ELGA ermöglicht, welche die Daten über das ELGA Dokumentenregister finden können.[104]

3.5.2.3 E-Arztbrief

Der elektronische Arztbrief, auch Entlassungsbrief genannt, dient den weiterbehandelnden GDA, wie auch dem Verfasser des Dokumentes als Information über die zuletzt durchgeführten Dienstleistungen und beinhaltet auch Teile der Krankengeschichte zu einem Patienten. Die Arztbriefe werden teilweise noch in handschriftlicher Manier vom

---

[103] Vgl. URL: http://ooe.orf.at/stories/507797/ [Stand: 02.04.2011].
[104] Vgl. URL: http://www.elga.gv.at/index.php?id=13 [Stand: 15.04.2011].

Arzt verfasst und digitalisiert.[105] Der Arztbrief wird danach lokal gespeichert. Die elektronische Bereitstellung des Arzt- bzw. Patientenbriefes zur Vervollständigung der Krankengeschichte wird ebenfalls im Zuge von ELGA angestrebt und stellt eine zentrale Kernanwendung dar.

3.5.2.4 E-Befund Labor

Beim elektronischen Laborbefund handelt es sich um jene Dokumente, welche die Daten der Analytik zu einem Patienten beinhalten. In Österreich wird hierfür im Zuge von ELGA die Übertragung von Laborbefunden, also Daten aus der Analytik, zwischen den GDA in Österreich und in späterer Folge weiteren europäischen Akteuren des Gesundheitswesens als Ziel genannt. Die von unterschiedlichen GDA erstellten Labordaten und Vorbefunde sollen mittels ELGA gefunden und für eine verbesserte Diagnostik und Therapie herangezogen werden können. Ein strenges Berechtigungssystem soll die Zugriffe auf diese Patientendaten schützen.

Diese zentrale ELGA-Kernanwendung stellt einen wichtigen Aspekt in diesem Buch dar, zumal damit die thematisierte sichere Übertragung von Labordaten zwischen den Krankenhausinformationssystemen gemäß der vorhandenen E-Health Rahmenbedingungen ermöglicht wird. Das nachfolgende Kapitel beschäftigt sich daher näher mit dem elektronischen Laborbefund, welcher die Daten der Analytik beinhaltet, und zeigt die dafür notwendigen Systemkomponenten und die zugrundeliegende Systemarchitektur auf.

3.5.3 E-Analytik

Wie bereits im Kapitel 2.2 „Die biomedizinische Analytik" bereits näher erläutert, fließen die aus der präanalytischen und analytischen Phase gewonnenen Daten in den Laborbefund ein. Um eine Übertragung der Labordaten zwischen Informationssystemen gemäß E-Health zu ermöglichen, muss diese auf elektronischem Wege erfolgen. Wie erläutert, wird das elektronische Format häufig durch das vorangestellte „E" ausgedrückt. Da die Datenübertragung der Analytik in diesem Werk, beginnend mit der elektronischen Anforderung in der präanalytischen Phase bis zur elektronischen

---

[105] Vgl. Müller/Löll/Bechtold, 2008, S. 23.

Übertragung in ein Krankenhausinformationssystems zum nächsten stattfinden soll, wird hier der Begriff „E-Analytik" verwendet.

Um einen solchen elektronischen Austausch von Laborbefunden zwischen Krankenhausinformationssystemen zu bewerkstelligen, werden nachfolgend die E-Health konformen Basiskomponenten eines solchen Systems inklusive der zugrunde liegenden Systemarchitektur beschrieben. Diese wurden in der von Österreich in Auftrag gegebenen ELGA Machbarkeitsstudie evaluiert, unter Berücksichtigung aller nationalen sowie EU-weiten gesetzlichen Vorgaben und Beachtung sämtlicher datenschutzrechtlicher Aspekte.[106]

3.5.3.1 Basisarchitektur

Die ELGA-Basisarchitektur, welche für den elektronischen Austausch von Laborbefunden in diesem Buch herangezogen wird, orientiert sich an der österreichischen ELGA Architektur. Bei der Ausarbeitung des ELGA Konzeptes sind bereits europäische Vorgaben berücksichtigt worden, welche sich wiederum an internationalen Standards wie dem IHE (Integrating the Healthcare Enterprise) orientieren.

Die nachfolgende Abbildung gibt den schematischen Grundaufbau von ELGA wieder, wobei der Fokus auf den Austausch von analytischen Labordaten gerichtet ist:

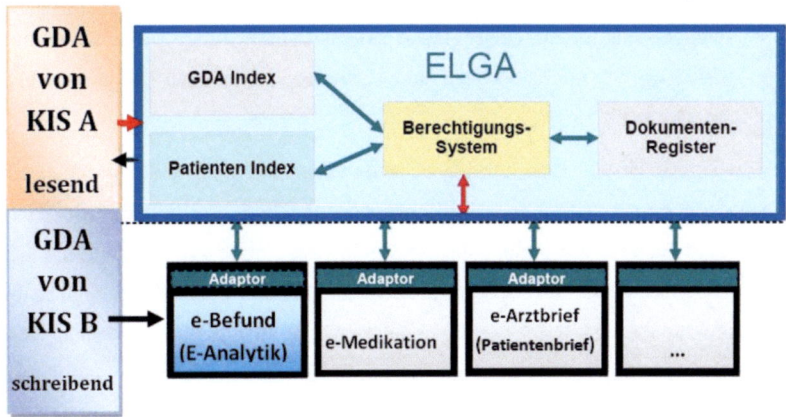

Abbildung 17: ELGA Basisarchitektur mit Fokus E-Analytik[107]

---

[106] Vgl. Ergebnisbericht ELGA – IBM, 2007, S. 9.
[107] Vgl. Abbildung aus: Ergebnisbericht ELGA – IBM, S. 10.

Die Adaptoren stellen Schnittstellen dar, die bestehende Applikationen mit ELGA kompatibel machen und somit überhaupt den Datenaustausch zwischen heterogenen Systemen ermöglichen. In der Grafik ist ersichtlich, dass die analytischen Daten in dezentralen Datenbanken, jeweils bei den GDA gesichert sind. In Österreich wurde die dezentrale Datenhaltung auch als Rahmenbedingung für die Basisarchitektur herangezogen. Bei der dezentralen Datenhaltung werden die Daten bei deren Erzeugern gespeichert. Jede Einrichtung verfügt damit über ein eigenes Datenhaltungssystem (bspw. KIS). Diese können über ELGA miteinander kommunizieren, sind jedoch ansonsten vollständig autonom.[108] Grund für eine Entscheidung zur dezentralen Datenspeicherung und damit gegen die zentrale Datenhaltung sind u.a. folgende Vorteile:

- Datenschutzrechtliche Anforderungen werden aufgrund der dezentralen Speicherung personenbezogener Dokumente besser erreicht.
- Sollte ein unerlaubter Fremdzugriff gelingen, wäre der Schaden bei zentraler Datenhaltung höher als bei dezentraler Datenhaltung.
- Patienten können durch eine dezentrale Sicherung selbst bestimmen, wo welche Daten aufscheinen dürfen und wer darauf Zugriff erhält.
- Verantwortung zu den Daten in Bezug auf Revisionssicherheit, Zensurresistenz bleiben beim jeweiligen Datenerzeuger.
- Internationale Datenspeicher (bspw. EU-Ebene oder USA) würden bei zentraler Sicherung enorme Ressourcen und Performance benötigen und hohe Kosten verursachen.[109]

Weitere Gründe für die Entscheidung einer dezentralen Haltung medizinischer Daten sind in den geringeren Kosten sowie anderen nationalen Projekten zu finden, welche auf diese Weise forciert werden und dabei eine einfachere Umsetzung versprechen. Nichts desto trotz gibt es aber 3 verschiedene Möglichkeiten der Speicherung, welche beispielsweise in der EU identifiziert worden sind. Ob es nun zur Anwendung einer zentralen, dezentralen oder hostbasierten Datenablage kommt, wird hierbei auf nationaler Ebene entschieden. Gewisse Vorgaben in Bezug auf die Interoperabilität der genannten Speichersysteme sind seitens Europäischer Union jedoch vorgegeben worden

---

[108] Bultmann et al., 2002, S. 14.
[109] Vgl. Rippen/Yasnoff, 2006, S. 79.

und auf nationaler Ebene zu befolgen.[110] Die nachfolgende Abbildung 18 zeigt, dass für die österreichische ELGA beim Datenaustausch die dezentrale Variante gewählt worden ist, jedoch nicht völlig auf die zentrale Datenspeicherung verzichtet werden kann.

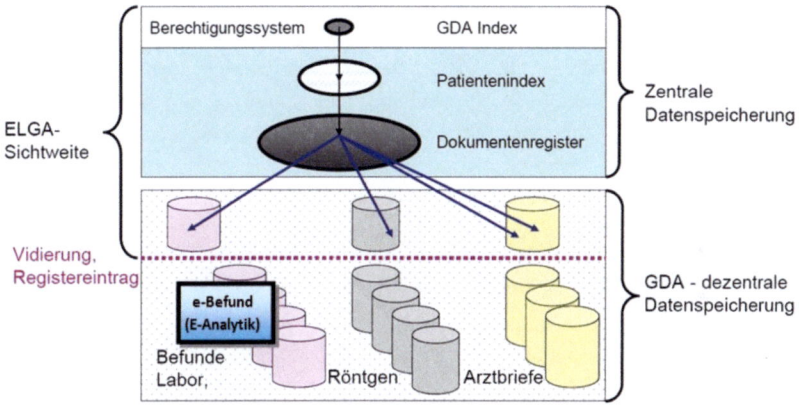

Abbildung 18: Hierarchische Sicht auf die elektronische Gesundheitsakte[111]

Eine zentrale Datenspeicherung erfolgt jedoch nur im Bereich der Basiskomponenten, bei denen hinterlegt wird, welche Dokumente (Dokumentenregister) eines Patienten (Patienten-Index) für den Abruf durch berechtigte Personen (GDA-Index mit Berechtigungssystem) zur Verfügung stehen. Im nachfolgenden Kapitel werden die für die E-Analytik notwendigen Basiskomponenten näher erläutert.

3.5.3.2 Basiskomponenten

In der von Österreich in Auftrag gegebenen ELGA-Machbarkeitsstudie wurde die bestehende IT-Infrastruktur analysiert, welche in Österreich eine sehr hohe Heterogenität aufweist. Dabei wurde folgende Systemarchitektur, die im Zuge dieses Werkes auch für die E-Analytik verwendet wird, definiert:

Basis-komponenten	Beschreibung
Berechtigungs-system	Dies ist die zentrale Komponente von ELGA, damit der Datenschutz für den Patienten gewährleistet wird. Das System regelt die Zugriffsrechte der GDA auf das Dokumentenregister. Es werden nur jene Transaktionen

---

[110] Stroetmann et al., 2011, S. 24.
[111] Vgl. Abbildung aus: Ergebnisbericht ELGA – IBM, S. 11.

	(bspw. Anfrage zu analytischen Daten) weitergeleitet, die gemäß der jeweiligen Berechtigung des GDA vorgesehen sind. ELGA benutzt hierzu das IHE-Profil BPPC (Basic Patient Privacy Consents), dass in einem späteren Kapitel noch erläutert wird.
Protokollsystem	Das Protokollsystem ist eine Erweiterung seit der ELGA Machbarkeitsstudie und stellt eigentlich einen Teil des Berechtigungssystems dar. Es wird in dieser Übersicht jedoch eigenständig angeführt, da das Modul auch dementsprechend umgesetzt werden muss. Die an ELGA gekoppelten Systeme übermitteln sämtliche Zugriffe unter Verwendung des standardisierten IHE Profils ATNA (Audit Trail and Node Authentification). Dieses Profil wird in einem nachfolgenden Kapitel weiter erläutert.
Patienten-Index	Der Patientenindex verwaltet die Identität der Bürger, sofern ein Eintrag in ELGA vorhanden ist. Weiters dient dieses Modul in Zukunft als zentrale Schnittstelle für die Identität der Patienten und löst damit die vorhandenen Indices (bspw. Patientenindex in einem KIS) ab. Nicht nur die GDA werden auf deren Zugriffsberechtigung hin überprüft, sondern auch die Patienten, welche auf medizinische Daten zugreifen wollen. Daher ist der Patientenindex eine wichtige Komponente des Berechtigungssystems.
GDA-Index	Der Gesundheitsdiensteanbieter Index verzeichnet die an ELGA teilnehmenden GDAs mit deren Organisationseinheiten und Rollen. Der GDA-Index ist ebenfalls eng mit dem Berechtigungssystem verbunden und unterstützt bei der Überprüfung des Berechtigungsstatus im Falle eines Datenzugriffs.
Dokumentenregister	Im Dokumentenregister werden Metadaten gespeichert, die für das Auffinden der unterschiedlichen Dokumente in den dezentralen Datenspeichern benötigt werden. Die Metadaten zeigen an, welche Dokumente über ELGA abrufbar sind und führen den Link zum entsprechenden Dokument an.

Tabelle 5: ELGA Basiskomponenten für die E-Analytik[112]

Eine weitere Basiskomponente stellt das Portal für die Bürger dar, indem diese sich über ihre Gesundheitsdaten informieren können. Da dieses Buch sich nur auf die Übertragung von analytischen Daten zwischen Krankenhausinformationssystemen konzentriert, wird diese für ELGA sehr wichtige Komponente nicht weiter behandelt.

---

[112] Vgl. ELGA Systemkomponenten und Masterplan, 2007, 227f.

Im Zuge der Machbarkeitsstudie wurden mehrere Möglichkeiten evaluiert, um E-Health in Form von ELGA umsetzen zu können. Die in Tabelle 5 angeführten Basiskomponenten wurden u.a. aus folgenden Gründen ausgewählt:

- Erleichtertes Identifikations-Verfahren im gesamten EU-Raum für Patienten und GDA
- Teilnahme der Bürger am Gesundheitssystem im gesamten EU-Raum
- Geringerer Aufwand bei Umsetzung
- Geringere Investitionskosten
- Verwendung offener Standards für Nachhaltigkeit und Akzeptanz
- Zentrale Steuerung und Kontrolle zu Einträgen
- Leichtere Kontrolle von datenschutzrechtlichen Maßnahmen[113]

Die Architektur und die zugrunde liegenden Systemkomponenten spielen für die Datenübertragung von Laborbefunden zwischen Krankenhausinformationssystemen eine wesentliche Rolle. Jedoch müssen bei der Übertragung von elektronischen Gesundheitsdaten weitere wichtige Rahmenbedingungen beachtet werden, welche im nachfolgenden Kapitel näher beschrieben werden.

3.6 Rahmenbedingungen von E-Health

Wie in Kapitel 3.1 „Definition – Electronic Health" bereits erläutert, handelt es sich bei E-Health um die Verwendung moderner Informations- und Kommunikationstechnologien zur Erfüllung der Bedürfnisse von Patienten, Bürgern, Gesundheitsdiensteanbietern und politischen Akteuren. Um nun die Informations- und Kommunikationstechnologien gemäß E-Health für die Übertragung von Labordaten zwischen Krankenhausinformationssystemen heranziehen zu können, müssen die dafür notwendigen Rahmendbedingungen beachtet werden. Für dieses Buch werden die gesetzlichen Anforderungen, der Datenschutz und die Datensicherheit, sowie sinnvolle Standards für die Übertragung der analytischen Daten in den folgenden Kapiteln des Buches näher beschrieben. Ein

---

[113] Vgl. Machbarkeitsstudie ELGA - IBM, 2006, S. 83ff.

Hauptaugenmerk wird aufgrund der angestrebten Kommunikation zwischen zwei Krankenhausinformationssystemen, auf die Interoperabilität gelegt.

3.6.1 Gesetzliche Anforderungen

Die rechtlichen Grundlagen spielen für die Übertragung von sensiblen Daten eine wesentliche Rolle und bilden in den strategischen nationalen und internationalen Papieren oftmals die Grundlage für weitere Überlegungen. Aufgrund des rasanten Fortschritts der Informations- und Kommunikationstechnologien, werden aber auch immer wieder Anpassungen auf rechtlicher Seite vorgenommen. Als Grundlage für die elektronische Datenverarbeitung wird in Österreich das Datenschutzgesetz (DSG 2000) herangezogen. Darin wird auch die Verwendung sensibler Daten, beispielsweise die Labordaten eines Patienten, geregelt. Bei der elektronischen Weitergabe der sensiblen Daten wird das Risiko erhöht, dass es zu einer Verletzung der datenschutzrechtlich gebotenen Vertraulichkeit kommt. Als problematisch können sich hierbei vor allem die Übertragungswege hervortun, sofern nicht die entsprechenden Technologien eingesetzt werden. Die Gefahr der missbräuchlichen Einsichtnahme unbefugter Dritter ist so gering wie möglich zu halten. Die Bestimmungen im DSG 2000 beinhalten zwar die zur Weitergabe von personenbezogenen Daten einzuhaltenden Sicherheitsmaßnahmen. Diese wurden jedoch aufgrund des erhöhten Missbrauchsrisikos bei Gesundheitsdaten als ergänzungsbedürftig angesehen. Die ergänzenden Anforderungen nach höherer Datensicherheit bei der elektronischen Weitergabe von Gesundheitsdaten werden mit dem Gesundheitstelematikgesetz (GTelG) festgelegt.[114]

Um die gesetzlichen Anforderungen im Gesundheitswesen einzugrenzen, wird der Fokus in diesem Buch auf das Gesundheitstelematikgesetz gesetzt. Dieses ist seit 01. Jänner 2009 aktiv und schafft besonders für die Bereiche Datensicherheit und Datenschutz einen Rahmen und damit die Voraussetzung für den geordneten Einsatz der elektronischen Datenübertragung. Die GTelG sieht vor, dass Gesundheitsdaten zukünftig nur noch über sichere Netze ausgetauscht werden dürfen. Dies bedeutet, dass die GDA gewisse Schutzmaßnahmen für die Patientendaten und deren Übertragung in der

---

[114] Vgl. URL http://www.bmg.gv.at/home/Schwerpunkte/E_Health/Rechtsrahmen/Gesundheitstelematikgesetz_ Stammfassung [Stand: 17.04.2011].

IT beachten müssen. Die neue Ordnung orientiert sich an der international gültigen ISO Norm 27001[115] und basiert auf folgenden Schwerpunkten:[116]

3.6.1.1 Vertraulichkeit

Die zum elektronischen Datenaustausch verwendeten Netzwerke müssen gegenüber unbefugten Zugriffen abgesichert sein. Nur dadurch kann der Schwerpunkt Vertraulichkeit, welchem aufgrund der hohen Sensibilität der medizinischen Daten eine hohe Bedeutung zukommt, sichergestellt werden. Eine kryptographische Absicherung des Datenverkehrs, ein begrenzter Netzzugang sowie eine Authentifizierung der Benutzer, beispielsweise mittels GDA- oder Patienten-Index, sind Möglichkeiten den hohen Anforderungen von E-Health gerecht zu werden. Es können aber auch Verfahren und Protokolle verwendet werden, welche eine vollständige Verschlüsselung der Gesundheitsdaten ermöglichen. Ein weiterer Aspekt in Bezug auf die Vertraulichkeit der Daten wird durch die Patientenzustimmung definiert. So ist aus gesetzlicher und datenschutzrechtlicher Sicht sicherzustellen, dass der Patient bestimmen kann, wer auf dessen Daten Zugriff erhält. Möchte der Patient beispielsweise nicht, dass dessen Labordaten an weitere Krankenhausinformationssysteme und damit andere GDA übermittelt werden können, muss diese Begrenzung möglich sein. Eine administrierbare Umsetzung über die Zustimmung der Patienten zu den einzelnen Datenübermittlungen ist in Form eines Vermerks beim Patienten-Index möglich.[117]

3.6.1.2 Integrität

Die Sicherstellung der Integrität der Daten bedeutet, dass diese nicht verändert oder zerstört bzw. vollständig und korrekt sind.[118] Eine Prüfung bzw. ein Nachweis der Integrität von elektronisch übermittelten Gesundheitsdaten erfolgt durch Verwendung elektronischer Signaturen, die auf qualifizierbare Zertifikate rückführbar sind. Werden die Daten über ein gesichertes Netzwerk übermittelt, ist eine elektronische Signatur nicht notwendig. Gerade bei den analytischen Daten, darf es zu keinen Verfälschungen

---

[115] Vgl. URL: http://www.pressetext.at/news/081203005/schutz-von-patientendaten-ab-2009-verpflichtend/ [Stand: 17.04.2011].
[116] Vgl. URL: http://ris.bka.gv.at/Dokumente/BgblAuth/BGBLA_2008_II_451/BGBLA_2008_II_451.html [Stand: 13.04.2009].
[117] Vgl. Machbarkeitsstudie ELGA - IBM, 2006, S. 65.
[118] Vgl. Abts/Mülder, 2009, S. 155.

oder abhanden gekommenen Informationen kommen, da sich dies wiederum negativ auf den diagnostischen Prozess und die damit verbundene Therapie auswirkt.

3.6.1.3 Authentizität

Durch die Authentizität soll die Echtheit der Kommunikationspartner, in unserem Fall jene der GDA, sichergestellt und garantiert werden.[119] Dies setzt voraus, dass der Gesundheitsdiensteanbieter, wie beispielsweise der Laborarzt, seine Identität nachweisen muss. Eine solche Überprüfung der Identität kann einerseits durch die Verwendung elektronischer Signaturen sowie bereichsspezifischer Personenkennzeichen erfolgen, andererseits auch durch eine Einsichtnahme im E-Health-Verzeichnisdienst. In diesem E-Health Verzeichnis sind alle Rollen und Berechtigungen der GDA in Bezug auf den jeweiligen GDA-Index hinterlegt, was eine Identifizierung und damit einhergehende Überprüfung der Authentizität ermöglicht.[120] Laut Gesundheitstelematikverordnung darf von diesen Möglichkeiten der Identitätsüberprüfung dann abgewichen werden, wenn ein elektronischer Datenaustausch in einem gesicherten Netzwerk stattfindet und eine Verwechslung von Gesundheitsdiensteanbietern ausgeschlossen werden kann.

3.6.1.4 Dokumentationspflicht

Gerade im Gesundheitswesen ist die Dokumentation ein wichtiger Bestandteil der medizinischen Behandlung. Die Dokumentationspflicht ist daher auch in verschiedenen gesetzlichen Bestimmungen verankert, so auch in der Gesundheitstelematikverordnung. Dabei handelt diese Pflicht vor allem von Datensicherheitsmaßnahmen und auch der Möglichkeit diese Daten elektronisch weiterverarbeiten zu können.[121] Dies soll vom jeweiligen Gesundheitsdiensteanbieter umgesetzt werden, um damit wirksame Maßnahmen und Kontrollen in Bezug auf Datenschutz- und Datensicherheitspflichten sicherzustellen.

---

[119] Vgl. Abts/Mülder, 2009, S. 440.
[120] Vgl. Duftschmid/Dorda/Gall, 2009, S. 3.
[121] Vgl. Johner/Haas/Bachmann, 2009, S. 136.

3.6.1.5 Verbindlichkeit

Um feststellen zu können, wer auf die sensiblen Daten zugegriffen und diese bearbeitet hat, erfolgt eine Protokollierung jeder gesetzten Aktion. Hierfür gibt es das Protokollsystem, das einen Teil des Berechtigungssystems darstellt. Dieses System der Verbindlichkeit dient einer klaren Nachverfolgung und Zuordenbarkeit. Damit soll verhindert werden, dass Subjekte selbst verursachte Aktionen abstreiten können. Im Gesundheitswesen spielt die Verbindlichkeit eine große Rolle, da dadurch besser festgestellt werden kann, woher Daten stammen und damit auch klare Verantwortlichkeiten festgelegt werden können.[122]

3.6.1.6 Verfügbarkeit

Die großteils sehr heterogene IT-Landschaft im Gesundheitswesen erschwert den elektronischen Datenaustausch und reduziert damit die Verfügbarkeit der Daten. GDA wissen in diesem Fall nicht, dass bereits ein Laborbefund im System eines anderen GDA vorhanden ist. Kann nicht festgestellt werden, welche Daten vorhanden sind, würde dies die Suche erschweren und sich negativ auf eine rechtzeitige Verfügbarkeit von wichtigen Informationen auswirken.[123] Daten sollen jederzeit korrekt zur Verfügung stehen, ordnungsgemäß verarbeitet werden können und nicht durch unberechtigte Weise beeinträchtigt werden.[124]

3.6.1.7 Resümee

Für die Übertragung von Daten gibt es weltweit Gesetze. In Österreich sollen das Datenschutzgesetz und speziell in Bezug auf das Gesundheitswesen, die Gesundheitstelematikverordnung dafür sorgen, den Umfang und die Grenzen des Datenschutzes zu definieren und die Rechte des einzelnen auf Selbstbestimmung zu wahren. Das Datenschutzgesetz in Österreich und weiteren europäischen Ländern orientiert sich dabei wiederum an der Richtlinie 95/46/EG der EU[125], weshalb die Datenschutzgesetze der EU-Länder ähnlich sind. Um eine entsprechende Akzeptanz der Stakeholder in Bezug

---

[122] Vgl. Eckert, S. 11.
[123] Vgl. URL: http://www.bmg.gv.at/home/Schwerpunkte/E_Health/Rechtsrahmen/ELGA_Gesetz_Begutachtungsentwurf_des_Gesundheitstelematikgesetzes_GTelG_2011 [Stand: 20.04.2011].
[124] Vgl. Jähn/Nagel, 2004, S. 19.
[125] Vgl. URL: http://eur-lex.europa.eu/LexUriServ/LexUriServ.do?uri=CELEX:31995L0046:DE:HTML [Stand: 20.04.2011].

auf E-Health und die damit verbundene Datenübertragung zu erreichen, sind diese Gesetze auch eine wichtige Notwendigkeit, um das entsprechende Maß an Rechtssicherheit zu erhalten. Diese Gesetze und Verordnungen regeln zudem die technische, inhaltliche und organisatorische Umsetzung.

3.6.2 Interoperabilität

Das Thema Interoperabilität ist für den Austausch von Daten zwischen IT-Systemen, beispielsweise Labordaten der Analytik zwischen Krankenhausinformationssystemen, ein wichtiger Aspekt. In diesem Kapitel wird aus diesem Grund näher darauf eingegangen.

In einem offiziellen Dokument des US Bundesregisters bedeutet der Begriff Interoperabilität, dass Daten auf exakte, effektive, sichere und konsistente Art und Weise zwischen heterogenen Informationssystemen, Software Anwendungen und Netzwerken mit unterschiedlichen Einstellungen übermittelt werden können. Dabei sollen die Daten so ausgetauscht werden, dass die vorgesehenen klinischen und operativen Zwecke bewahrt und unverändert bleiben.[126]

Die offizielle Definition in der europäischen Union für Interoperabilität sagt aus, dass die Fähigkeit von zwei oder mehreren Informationssystemen gegeben sein muss, sowohl maschinenlesbare Daten, wie auch für Menschen verständliche Informationen untereinander auszutauschen. Dies soll unter der Gewährleistung geschehen, dass die genaue Bedeutung der ausgetauschten Informationen für andere und ursprünglich nicht für diesen Zweck entwickelte Systeme oder Anwendungen verständlich ist.[127]

Für den Begriff „Interoperabilität" gibt es noch sehr viele weitere Definitionen, die oftmals in Beziehung mit dem Gesundheitswesen auftreten und hierbei in Zusammenhang mit Standards stehen. Das Konzept Interoperabilität zeigt Möglichkeiten auf, wie heterogene Systeme miteinander interagieren und kommunizieren können und wichtige Patientendaten untereinander austauschen. Dieser Informationsaustausch soll innerhalb, wie auch über die Organisationsgrenzen hinweg, funktionieren. Aufgrund der heterogenen Systemlandschaft ist es notwendig sich an Standards zu orientieren, um Interopera-

---

[126] Federal Register, Executive Order 13410, 2006.
[127] Amtsblatt der Europäischen Union, L 190/39, 2008.

bilität zu ermöglichen. Ein möglicher Weg der Kommunikation ist beispielsweise HL7 (Health Level 7), der im Kapitel 3.6.3.3 noch näher beschrieben wird.[128]

Interoperabilität zwischen den Informationssystemen im Gesundheitswesen ist ein wichtiger Baustein, um Informations- und Kommunikationstechnologien einsetzen zu können und dabei die Kosten im Gesundheitswesen zu senken und gleichzeitig die Qualität zu erhöhen.[129]

Für den Bereich E-Health und damit auch für die Übertragung von analytischen Daten zwischen Krankenhausinformationssystemen, stellt die Interoperabilität eine der wesentlichen Herausforderungen für den zukünftigen übergreifenden elektronischen Datenaustausch im Gesundheitswesen dar. Aus diesem Grund wurde bereits 2004 durch die Kommission der Europäischen Union beschlossen, dass jeder Mitgliedsstaat eine nationale und regionale Strategie für die Entwicklung elektronischer Gesundheitsdienste entwickeln muss. Der Schwerpunkt sollte dabei im Ausbau der Online-Gesundheitssysteme liegen und hier das Ziel verfolgen die Interoperabilität und Nutzung elektronischer Gesundheitsdatensätze zu fördern.[130]

Die Interoperabilität soll gemäß der EU die nahtlose Integration heterogener Systeme erlauben. Ein sicherer und schneller Zugang zu Patienteninformationen aus verschiedenen Quellen soll damit ermöglicht werden. Dies hängt von der Standardisierung der Systemkomponenten und –dienste wie beispielsweise der Architektur der Datensätze ab. Die EU-Kommission hat daher die Initiative epSOS (Smart Open Services for European Patients) gestartet, um die Interoperabilität in und zwischen den Mitgliedsstaaten zu fördern.

3.6.2.1 epSOS

Bei epSOS handelt es sich um ein europaweites Projekt, welches im Juli 2008 gestartet worden ist. Das Hauptziel ist die Entwicklung und auch praktische Umsetzung eines E-Health Rahmenkonzeptes sowie die Schaffung einer Informations- und Kommunikationstechnologie-Infrastruktur, welche den Zugriff verschiedener europäischer Gesund-

---

[128] Vgl. Fonseca/Ribeiro/Granja, 2009, S. 47.
[129] Vgl. URL: http://www.e-health-com.eu/details-news/ehealth-vereinbarung-zwischen-eu-und-usa-fuer-gemeinsame-agenda/ [Stand: 23.04.2011].
[130] Vgl. URL:
http://ec.europa.eu/information_society/doc/qualif/health/COM_2004_0356_F_DE_ACTE.pdf [Stand: 23.04.2011].

heitssysteme auf elektronische Patienteninformationen ermöglicht.[131] Auch das in Kapitel 3.4.3 bereits erwähnte Projekt NETC@RDS soll eine gemeinsame grenzübergreifende IKT-Infrastruktur fördern. Hierbei liegt jedoch der Fokus auf dem Thema der Online-Abrechnung von medizinischen Dienstleistungen, während bei epSOS das Thema Online-Medizin im Mittelpunkt steht.[132] In der Pilotphase von epSOS fokussiert man sich auf Patientendossiers und elektronische Rezepte sowie die computerunterstützte Ausgabe der entsprechenden Medikamente.

Es wird damit die Möglichkeit geschaffen, dass GDA in den epSOS-Mitgliedsstaaten einen Zugriff auf relevante Basisinformationen des Patienten, sofern dieser dazu einwilligt, in deren eigener Landessprache erhalten. Hierfür werden standardisierte Codes verwendet, welche auf die jeweilige Basisinformation verweisen. Die Daten werden in verschlüsselter Form ausgetauscht. Gerade in Notfallsituationen kann damit die Qualität und Sicherheit der Behandlung sichergestellt und der Datenschutz gewahrt bleiben.[133]

Würde man epSOS auf den Austausch von analytischen Daten aus dem Labor erweitern, so müssten die verschiedenen nationalen Systeme in der Lage sein, die entsprechenden Labordaten elektronisch abrufen zu können und ggf. ergänzte Daten wieder in das ursprüngliche System zurückzuschicken. Die Labordaten müssten dabei für alle GDA dieselbe Bedeutung und gleichen Informationsgrad aufweisen. Nur damit kann die Bedeutsamkeit in Bezug auf deren diagnostische Verwertung bewahrt bleiben. So darf beispielsweise die gängige Labor-Abkürzung HB für „Hämoglobin" nicht mit der „Hansestadt Bremen" verwechselt werden. Es handelt sich hierbei um die semantische Interoperabilität, welche für die Inhalte zuständig ist. Neben der Semantik stellt die strukturierte Darstellung (Syntax) in Form der syntaktischen Interoperabilität die Voraussetzung für die Integration von Informationssystemen dar und übernimmt damit den technischen Part.[134] Geht man nach der Definition der „HL7 EHR Interoperability Work Group" gibt es neben der erwähnten technischen (syntaktischen) und semantischen Interoperabilität auch noch die Prozess Interoperabilität.[135] Diese drei Typen der Interoperabilität werden nachfolgend näher erläutert.

---

[131] Vgl. URL: http://www.epsos.eu/austria/was-ist-epsos.html [Stand: 23.04.2011].
[132] Vgl. Schmeh, 2009, S. 125.
[133] Vgl. URL: http://www.epsos.eu/austria/was-ist-epsos.html [Stand: 23.04.2011].
[134] Vgl. Johner/Haas/Bachmann, 2009, 40.
[135] Vgl. URL: http://www.hln.com/assets/pdf/Coming-to-Terms-February-2007.pdf [Stand: 24.04.2011].

3.6.2.2 Syntaktische Interoperabilität

Die syntaktische Interoperabilität hat die technische Aufgabe, dass Systeme Daten empfangen können. Für die technischen Umsetzbarkeit müssen hierbei beispielsweise die gesamte Vernetzungsthematik (bspw. Schnittstellen) inkl. der relevanten Protokolle und Standards (bspw. TCP/IP, HL7, DICOM etc.) sowie die Möglichkeiten der Patientenidentifikation beachtet werden.

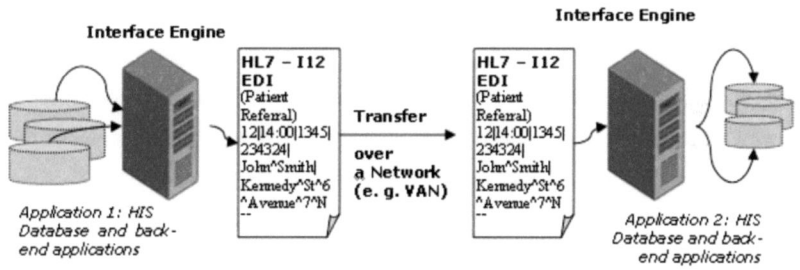

Abbildung 19: Technische Interoperabilität zwischen heterogenen KIS[136]

Die Systeme können mit den übertragenen Informationen auf dieser Ebene der Interoperabilität keine weitere Verarbeitung garantieren, da die Bedeutung der Nachricht nicht verstanden wird.

3.6.2.3 Semantische Interoperabilität

Die semantische Interoperabilität hat die Aufgabe sicherzustellen, dass empfangene Daten inhaltlich richtig verstanden und interpretiert werden können. Dies wird normalerweise durch die Verwendung von Metadaten erreicht, also allgemeinen Daten, welche Informationen über andere Daten besitzen.[137] Strukturierte Dokumente werden von Systemen empfangen und können aufgrund der Anwendung von international standardisierten Klassifikationssystemen wie ICD (International Classification of Diseases) und Terminologien (bspw. LOINC, SNOMED, etc.) sowie Archetypen wie CDA (Clinical Document Architecture) richtig interpretiert werden, um daraus sinnvolle Ergebnisse zu erzielen.[138] Diese Technologie ermöglicht eine automatisierte Weiterver-

---

[136] Abbildung übernommen aus URL: http://www.ehealthnews.eu/images/stories/pdf/ride.pdf [Stand: 24.04.2011].
[137] Vgl. URL: http://www.ehealthnews.eu/images/stories/pdf/ride.pdf [Stand: 24.04.2011].
[138] Machbarkeitsstudie ELGA - IBM, 2006, S. 58.

arbeitung sowie eine zielgenaue Suche und nutzerorientierte Darstellung von Informationen. Auch im Bereich der Übermittlung von Daten der Analytik ist es wichtig einheitliche Begriffe und Namen zu verwenden und diese in einem allgemeingültigen Verständnis anwenden zu können. Um ein einheitliches Vorgehen zu ermöglichen, wurden Standards geschaffen, welche den Austausch strukturierter Dokumente unterstützen. Auf diese Standards wird in nachfolgendem Kapitel 3.6.3 näher eingegangen.

3.6.2.4 Prozess-Interoperabilität

Für diese Ebene ist es notwendig, dass die syntaktische Interoperabilität durch die erfolgreiche Übermittlung von Daten gegeben ist. Weiters müssen die Systeme diese Daten erfasst und verstanden haben, was in Form der semantischen Interoperabilität erreicht wird. Erst dann können Arbeitsprozesse erfolgreich durch das IT-System koordiniert werden und heterogene Systeme in der im Gesundheitswesen notwendigen Qualität zusammenarbeiten.[139] Die Prozess-Interoperabilität hat den Sinn, eine optimale Integration von IT-Systemen in bestimmten Arbeitssituationen zu ermöglichen. Folgende Punkte sollen damit erfüllt werden:

- Klare Rollenbeschreibung der Anwender
- Effiziente und benutzerfreundliche Schnittstelle zwischen Mensch und Maschine
- Darstellung der Daten und des Datenflusses unterstützen Arbeitssituationen
- Organisierte Arbeitsgestaltung
- Nachweis von Effektivität durch tatsächliche Anwendung[140]

Die Interoperabilität stellt im Bereich E-Health Krankenhauswesen noch immer ein Problem dar, zumal die vorhandenen Krankenhausinformationssysteme oftmals mit proprietären Schnittstellen und Datenformaten für die Übertragung arbeiten. Die Softwarehersteller machen sich damit schwer ersetzbar und können eigene Produkte besser rechtfertigen. Eine unstrukturierte, individuell gestaltete Dokumentation und Datenübertragung, begonnen bei Anforderung der analytischen Daten bis zu deren Übertragung, erschwert hierbei die automatisierte Weiterverarbeitung und führt zu unnötigen Arbeitsschritten und Ressourcenbindung. Die Verwendung von technischen und semantischen Standards hingegen ermöglicht eine strukturierte Dokumentation und

---

[139] Vgl. Benson, 2010, S. 25.
[140] Vgl. URL: http://www.hln.com/assets/pdf/Coming-to-Terms-February-2007.pdf [Stand: 24.04.2011].

schafft die Basis für elektronischen Datenaustausch und die Interoperabilität zwischen Informationssystemen.[141] Im Zuge der nationalen und internationalen Bemühungen zur Einführung elektronischer Gesundheitsakten, wird die Verwendung von genau diesen Standards und Architekturen (bspw. die IHE-Initiative) zukünftig auch im Krankenhauswesen vermehrt angestrebt, um eine Verbesserung der Gesundheitsversorgung zu erreichen.[142] Bei der Vorgabe von praktikablen technischen Standards zur Gewährleistung der Interoperabilität, orientiert man sich wiederum an europäischen und internationalen Standards, auf welche im nächsten Kapitel näher eingegangen wird.[143]

3.6.3 E-Health Standards der Datenübertragung

In der europäischen Union und anderen Ländern ist die Standardisierung ein integraler Bestandteil der Politik, um die Wettbewerbsfähigkeit zu erhöhen und Geschäftsbarrieren zu beseitigen. Auch für den Bereich E-Health wurde seitens europäischen Komitees für Standardisierung betont, dass für die Erreichung der E-Health Ziele in Europa eine Standardisierung notwendig ist. Hierbei können verschiedene Arten von Standards eingesetzt werden, welche beispielsweise von Dokumenten, Protokollen und Prozessen bis zur Infrastruktur reichen. Es sind laufend die gesetzlichen Bestimmungen in Bezug auf Datensicherheit, Datenschutz sowie die Privatsphäre der Bürger einzuhalten. Gemeinsam mit international agierenden Organisationen und Initiativen werden diese Standards laufend weiterentwickelt.[144]

E-Health Lösungen, wie die Übertragung von Daten der Analytik zwischen Krankenhausinformationssystemen, müssen relevante Prozesse im Gesundheitswesen dahingehend unterstützen, dass diese einfach anzuwenden sind und die Fähigkeit haben, Informationen mit anderen Krankenhausinformationssystemen auszutauschen, um die Patientensicherheit zu garantieren. Diese E-Health Lösungen müssen so gestaltet sein, dass sie nationalen und internationalen Informations- und Kommunikationsstandards entsprechen.[145]

---

[141] Vgl. Johner/Haas/Bachmann, 2009, 132.
[142] Vgl. URL: http://www.ehealthnews.eu/images/stories/pdf/ride.pdf [Stand: 24.04.2011].
[143] Vgl. URL: http://www.i-med.ac.at/msig/service/oeehealth_strategie.pdf [Stand: 14.05.2011].
[144] eHealth Taskforce report 2007, 2007, S. 22.
[145] Vgl. URL: http://www.jmir.org/2001/2/e20/ [Stand: 25.04.2011].

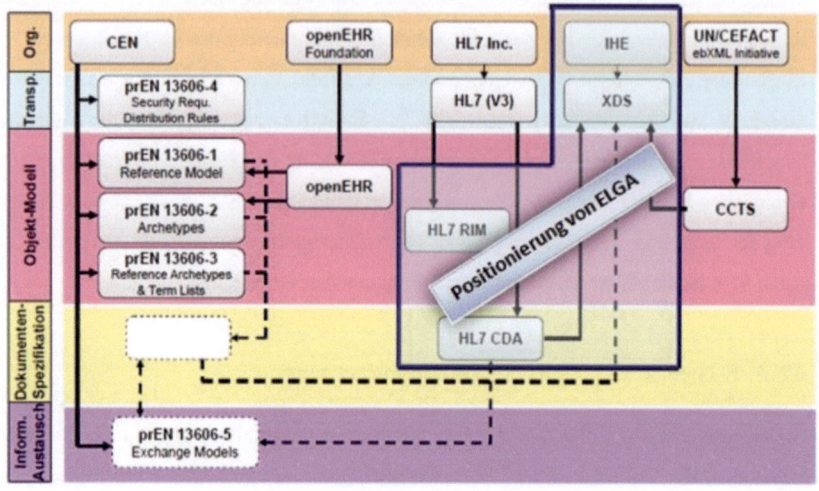

Abbildung 20: Standards der österreichischen ELGA[146]

Wie die Abbildung 20 zeigt, kommen in der österreichischen E-Health Strategie jene internationalen Informations- und Kommunikationsstandards zur Anwendung, welche von der Organisation IHE entworfen worden sind. In den strategischen Dokumenten wird dabei auf die rasante Entwicklung in Bezug auf die Struktur medizinischer Dokumentation hingewiesen und darauf, dass längerfristige Empfehlungen nicht gegeben werden können.[147] Man orientiert man sich jedoch an den EU-Vorgaben und arbeitet daher mit Standards, welche weltweit einen hohen Verwendungsgrad aufweisen. In diesem Buch werden diese wesentlichen internationalen Standards, welche auch von der österreichischen ELGA GmbH in Abbildung 20 identifiziert worden sind, beschrieben und jene Standards identifiziert, welche für die E-Analytik sinnvoll erscheinen.

3.6.3.1 CEN

Bei CEN handelt es sich um das europäische Komitee für Standardisierung und Normung (Comité Européen de Normalisation), welches sich auch mit dem Bereich Telekommunikationsstandards und dem Bereich E-Health beschäftigt.[148] Dies hat den

---

[146] Vgl. Abbildung aus URL: http://www.initiative-elga.at/ELGA/allgemein_infos/ELGA_in_Oesterreich_070213.pdf [Stand: 27.04.2011].
[147] Vgl. URL: http://www.i-med.ac.at/msig/service/oeehealth_strategie.pdf [Stand: 14.05.2011],
[148] Vgl. URL: http://www.cen.eu/cen/NTS/Standardization/Pages/default.aspx [Stand: 28.04.2011].

Grund, dass aus Sicht von CEN die bereits vorhandenen Standards (bspw. HL7) keinen ausreichenden Bekanntheitsgrad aufweisen, daher zu wenig Anwendung finden und die Interoperabilität zwischen den Systemen nicht oft genug bewiesen worden ist. Auch wird bemängelt, dass zu wenig Rücksicht auf kleinere Anwendungsgruppen genommen wird und zwischen den Standards oftmals Konflikte herrschen, welche dem effizienten Datenaustausch schaden. Die Organisation achtet bei der Entwicklung der Standards allgemein darauf, dass Vorgaben der EU und WTO (World Trade Organization) erfüllt werden und grenzübergreifende Kommunikation erleichtert wird. Hierzu wurden kritische Anwendungen zur Erreichung der strategischen Ziele der EU identifiziert, welche unter anderem die elektronische Patientenakte oder die elektronische Übermittlung von Gesundheitsdaten zwischen Krankenhäusern und niedergelassenen Ärzten beinhaltet, um Labordaten austauschen zu können.[149]

Mit dem 5-teiligen Standard EN/ISO 13606 hat CEN ein Kommunikationsmodell entwickelt, welches dem Austausch von elektronischen Gesundheitsakten und den damit verbundenen Informationen dient. Der Standard legt dabei den semantisch-interoperablen Austausch von Daten zwischen Informationssystemen fest und gliedert sich in folgende Bereiche, welche mittlerweile zu ISO-Standards avanciert sind:

- **Part 1 – Reference model**: Dieses Modell beschreibt die Kommunikationsarchitektur zwischen den Bestandteilen einer elektronischen Gesundheitsakte und einer zentralisierten Datenquelle. In dieser Architektur können Systeme zum Austausch zwischen unterschiedlichen Anwendungen (Middleware) integriert werden. Dem Referenz Model sind die Standards HL7 RIM und CDA zugewiesen.[150]

- **Part 2 – Archetype interchange**: Es wird die Informationsarchitektur angeführt, welche für die interoperable Kommunikation zwischen Systemen zuständig ist. Diese Systeme beziehen oder übermitteln Gesundheitsdaten aus bzw. an die elektronische Gesundheitsakte. Hierbei wird nicht die interne Architektur jener Systeme geregelt. Im zweiten Teil der EN/ISO 13606-2 werden sogenannte Archetypen für die definierte Darstellung von klinischen Begriffen herangezogen, welche kompatibel zu den HL7 Template Spezifikationen sind.[151] Ein Ar-

---

[149] Vgl. CEN/ISSS eHSFG Executive Summary final version, 2005, S. 5.
[150] Vgl. URL: http://www.iso.org/iso/catalogue_detail.htm?csnumber=40784 [Stand: 30.04.2011].
[151] Vgl. URL: http://www.iso.org/iso/catalogue_detail.htm?csnumber=50119 [Stand: 30.04.2011].

chetyp stellt ein Musterbild dar und beschreibt in diesem Zusammen den Aufbau einer Informationseinheit. Es besteht aus einer Menge von Regeln. Diese legen die erlaubten Beziehungen der Objekte untereinander fest und definieren, welche Werte in einem Objekt gespeichert werden dürfen.[152]

- **Part 3 – Reference archetypes and Term Lists**: Der dritte Teil der EN/ISO 13606 beschreibt die möglichen Belegungen von Attributen in Form von Codes. Erläutert deren Bedeutung und deckt den Part der Kommunikation zwischen allen Systemen rund um die elektronische Gesundheitsakte ab. Die bereits erwähnten Archetypen werden hier definiert, um in das Referenz Modell (Part 1) einfließen zu können. Part 3 ermöglicht eine Definition von Referenz Archetypen, welche eine Verbindung zu den Referenz-Modellen von openEHR und HL7 erlauben.[153]

- **Part 4 - Security**: Die EN/ISO 13606-4:2009 beschäftigt sich mit den Berechtigungsmechanismen, welche den Zugriff auf elektronische Gesundheitsakten regeln. Dies geschieht durch ein Zusammenspiel von Objekten einer Sicherheitsinfrastruktur, welche in unterschiedlichen Modellen dokumentiert werden. Part 4 verweist auch auf generelle Sicherheitsanforderungen, die für die Kommunikation rund um die elektronische Gesundheitsakte notwendig sind und zeigt mögliche technische Lösungen und Standards auf, welche die beschriebenen Sicherheitsanforderungen erfüllen.[154]

- **Part 5 – Interface specification**: Es werden die notwendigen Eigenschaften beschrieben, welche für die Kommunikation mit einer elektronischen Gesundheitsakte notwendig sind. Dazu werden die Schnittstellen definiert, um einen Austausch von Nachrichten zu ermöglichen.[155]

Die Entwicklung jener 5 Teile wurde ursprünglich von openEHR initiiert und seitens CEN adaptiert.

---

[152] Vgl. Bergmann, 2005, S. 13.
[153] Vgl. URL: http://www.iso.org/iso/catalogue_detail.htm?csnumber=50120 [Stand: 30.04.2011].
[154] Vgl. URL: http://www.iso.org/iso/catalogue_detail.htm?csnumber=50121 [Stand: 30.04.2011].
[155] Vgl. URL: http://www.iso.org/iso/catalogue_detail.htm?csnumber=50122 [Stand: 30.04.2011].

3.6.3.2 openEHR

Bei openEHR handelt es sich um eine internationale Non-Profit Organisation (NPO), welche das Ziel verfolgt, die elektronische Gesundheitsakte zu bestehenden Systemen interoperabel zu gestalten und damit die Gesundheitsversorgung zu verbessern. Dies soll dadurch geschehen indem Spezifikationen und Open-Source Software entwickelt und dieses Wissen frei zur Verfügung gestellt wird. openEHR beteiligt sich an klinischen Projekten, wo deren Standards angewendet werden und beteiligt sich auch an der Entwicklung von anderen internationalen Standards.[156] Ursprünglich entstammt diese NPO und die zugrunde liegenden Konzepte aus dem europäisch geförderten Projekt GEHR (Good European Health Record). Die Resultate dieses Projektes wurden zu einem Großteil in den europäischen Standard ENV 12265 eingearbeitet, welcher der Vorgänger für heutigen EN/ISO Standard 13606 ist. Das Prinzip von openEHR ist es eine Trennung von „Wissen" und „Informationen" in einem generischen Zwei-Ebenen-Modell, um damit verteilte elektronische Gesundheitsakten zu realisieren. Die Architektur basiert auf den Konzepten „Referenzmodell" und „Archetyp", welche eine Kompatibilität zu den Standards CEN und HL7 aufweisen.[157]

Mit dem Referenzmodell werden mögliche Objektmodelle festgelegt. Dies geschieht dadurch, dass Objektklassen und deren Beziehung zueinander definiert werden und dabei auch der Aufbau eines jeden Objektes (bspw. Name, Eigenschaften etc.) festgelegt wird. Im openEHR Referenzmodell sind nur jene Objektklassen enthalten, die übergreifende Gültigkeit besitzen und kein fachspezifisches Wissen aufweisen. Es entstehen durch die Verknüpfung der Objekte untereinander und der Befüllung mit Daten lediglich kodierte Informationen. Für den klinischen Kontext wird nur eine kleine Anzahl an Objektmodellen als nützlich angesehen. Aus diesem Grund wird durch Archetypen bestimmt, welche Objektinhalte und –kombinationen für den klinischen Bereich, beispielsweise den Bereich der Labordaten, als sinnvoll angesehen werden. Um die Archetypen beschreiben zu können, wurde die Sprache ADL (Archetype Definition Language) entwickelt.[158]

---

[156] Vgl. URL: http://www.openehr.org/about/foundation.html [Stand: 30.04.2011].
[157] Vgl. URL: http://www.hl7.at/index.php?option=com_rd_glossary&Itemid=8&limit=25&limitstart=25 [Stand: 30.04.2011].
[158] Vgl. Bergmann, 2005, S. 10.

3.6.3.3 Health Level 7

Health Level 7 (HL7) stellt einen international gültigen einheitlichen Kommunikationsstandard dar, welcher die Interoperabilität von E-Health Technologien fördert. Das Level 7 bezieht sich auf das ISO zertifizierte Kommunikationsmodell OSI (Open Systems Integration) und stellt hierbei die Applikationsebene dar, welche Funktionen beinhaltet, mit denen auf das Kommunikationssystem (Datenübertragung, E-Mail, etc.) zugegriffen werden kann. Dies geschieht beispielsweise mittels Protokollen, die eine Dateiübertragung und Datenzugriff über Rechnergrenzen hinweg ermöglichen.[159] Gepflegt wird dieser Standard von der HL7 Working Group, einer ANSI-akkreditierten NPO. Mit HL7 wird das Ziel verfolgt, Standards für den Austausch, das Management und die Integration von Daten bereitzustellen.[160] Aufgrund der internationalen Anwendung wurde es notwendig nationale HL-7 Benutzergruppen zu gründen. Diese haben die Aufgabe die Standards zu übersetzen und an die nationalen Verhältnisse anzupassen. In Veranstaltungen wie bspw. Workshops werden diese standardgerechten Kommunikationslösungen vorgestellt und diskutiert.[161]

Um HL7 verwenden zu können, müssen nur wenige Voraussetzungen für die vorhandene Systemarchitektur erfüllt werden. Für die Übertragung elektronischer Daten ist es somit nicht notwendig den gesamten HL7-Umfang zu implementieren. Die wesentlichen Bedingungen sind mit der Bereitstellung von Formaten und Protokollen für den Datenaustausch im Gesundheitswesen erfüllt. Damit wird es möglich, die Schnittstellen zwischen den verschiedenen Anwendungen zu verringern und zu standardisieren. Der Aufbau von HL7 wird in die Abstract Message Definition und die Encoding Rules aufgeteilt. In der Abstract Message Definition wird die Struktur und der Aufbau einer Nachricht beschrieben. Diese basiert ab Version HL7 v2.xml auf dem Extensible Markup Language (XML) Standard.[162] Die HL7-Dokumente umfassen die Patienten-Stammdaten mit Patienten ID, Anschrift und Geburtsdaten, die Krankenkasse, den Hausarzt sowie die zugewiesene Station und Fachrichtung des Krankenhauses.[163] Mittels HL7 können aber auch Labordaten übermittelt werden, wobei hier LOINC (Logical Observation Identifiers Names and Co) zum Einsatz kommt.

---

[159] Vgl. Lupik/Wiedemann/Schnell, 2006, S. 14.
[160] Vgl. URL: http://www.hl7.org/ [Stand: 30.04.2011].
[161] Vgl. Bärwolff/Victor/Hüsken, 2006, S. 53.
[162] Vgl. Bärwolff/Victor/Hüsken, 2006, S. 56.
[163] Vgl. URL: http://www.itwissen.info/definition/lexikon/health-level-seven-HL7.html [Stand: 05.05.2011].

LOINC stellt eine internationale und mittlerweile auch in Österreich zunehmend relevante Grundlage und Unterstützung zur Vernetzung und standardisierten Kommunikation dar. Es handelt sich um eine Datenbank standardisierter und allgemeingültiger Namen und Identifikatoren von Untersuchungs- und Testergebnissen aus Labor und Klinik. Diese ermöglicht eine universelle und weltweit eindeutige Identifikation von Labordaten und erleichtert den elektronischen Datenaustausch medizinischer Untersuchungsergebnisse und Befunddaten zwischen Informationssystemen wesentlich. Mehrdeutigkeiten eines Begriffes werden vermieden und die semantische Interoperabilität ist gegeben.[164] Das LOINC Kodiersystem wird von HL7 für die Ergebnisanforderung und –übermittlung empfohlen, zumal durch dessen Verwendung Redundanzen und Inkompatibilitäten zu den existierenden Standards vermieden werden können. Damit soll das Ziel erreicht werden, den elektronischen Datenaustausch von Labordaten und medizinischen Untersuchungsergebnissen, welche aus der Analytik hervorgehen, strukturiert, eindeutig zugeordnet und möglichst komprimiert durchzuführen.[165]

Die momentan am häufigsten verwendete Version von Health Level 7 ist Version 2. Das Problem hierbei ist jedoch, dass keine direkte Interoperabilität zu anderen Informationssystemen gegeben ist. Um dieses Problem zu lösen, wurde die Version 3 von HL7 entwickelt, welche auf dem „Reference Information Model" (RIM) basiert.[166] Das Format und die Syntax der Nachrichten arbeiten hierbei mit dem Standard XML. Damit sollen die Nachteile von HL7 Nachrichten beseitigt werden, bei denen bisher das Lesen und Verändern von Nachrichten, außerhalb des medizinischen Bereichs, zu Schwierigkeiten geführt hat.[167] Das RIM Modell, welches mittlerweile von der ISO unter der Referenz ISO/HL7 21731:2006 übernommen worden ist, stellt ein statisches Modell dar. Dieses besteht aus sechs Hauptklassen, die das Rückgrat des Modells darstellen.

---

[164] Vgl. McDonald et al., 2000, S. 8ff.
[165] Vgl. Duhm-Harbeck, 2008, S. 29.
[166] Vgl. URL: http://www.ehealthnews.eu/images/stories/pdf/ride.pdf [Stand: 30.04.2011].
[167] Vgl. Bärwolff/Victor/Hüsken, 2006, S. 61.

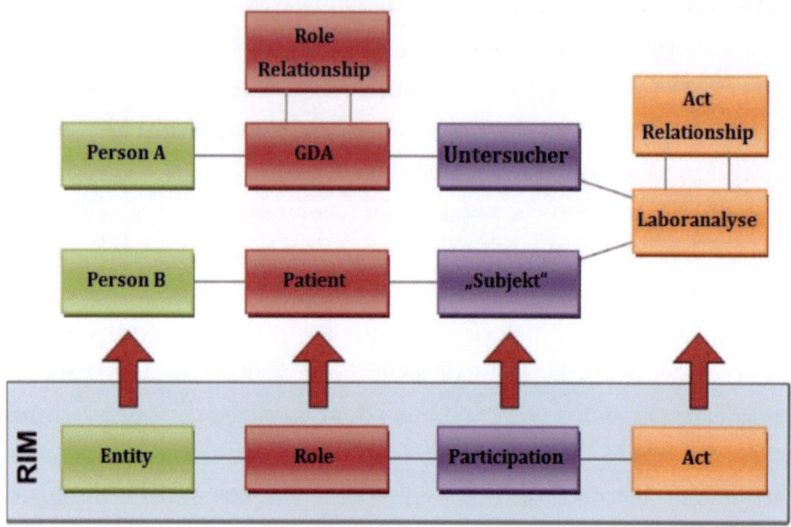

Abbildung 21: Health Level 7 - RIM Model[168]

Das in Abbildung 21 dargestellte RIM Modell besteht aus Bausteinen, aus welchen unterschiedliche Modelle und Strukturen erstellt werden können:

- **Act**: Dieser Baustein stellt die ausgeführten Handlungen dar. Eine solche Handlung könnte beispielsweise eine Laboranalyse sein.

- **Entity**: Stellt Objekte und Subjekte dar, welche für die Handlung von Bedeutung sind. Hierbei werden die Namen der Beteiligten (bspw. des Patienten) dokumentiert.

- **Role**: Jene Rolle welche von der Entität im Zuge der Handlung eingenommen wird. Eine typische Rolle im Gesundheitswesen nimmt der behandelnde Arzt bzw. der Patient ein.

- **Participation**: Die Beteiligung stellt die Verbindung zwischen Handlungen und Rollen her, wodurch man bspw. die Information erhält, wer die Handlung an wem durchgeführt hat.

- **Act Relationship**: Durch diese Klasse werden die Beziehungen der Handlungen untereinander dargestellt, wodurch bspw. erkennbar wird, welche Analysen

---

[168] Vgl. Schaller, 2010, S. 20.

zu einem Patienten durchgeführt worden sind und die daraus resultierende Diagnose.

- **Role Relationship**: Dieser Baustein stellt die Beziehungen zwischen den einzelnen Rollen dar, was beispielsweise einen Rückschluss auf die Tätigkeiten in der Organisation zulässt.[169]

Mit dem RIM hat HL7 eine Basisarchitektur entworfen, welche für die Clinical Document Architecture (CDA) verwendet wird. CDA gilt als erster offizieller Standard, welcher auf der Basis von XML arbeitet.[170]

3.6.3.4 Clinical Documentation Architecture

CDA-Dokumente geben die Struktur und Semantik von klinischen Dokumenten für die elektronische Datenübertragung vor. Sie bestehen aus einem Header, mit Angaben zum Dokument in Form von Metadaten, für den institutionsübergreifenden Austausch von Informationen sowie einem Body. Dieser beinhaltet die eigentlichen Inhalte, wie beispielsweise Diagnosen. In nachfolgender Abbildung wird diese CDA-Struktur grafisch verdeutlicht:

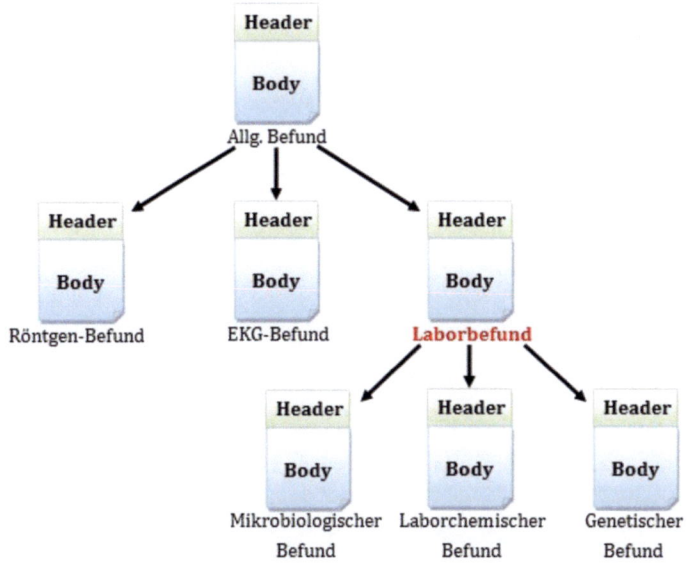

Abbildung 22: CDA Struktur[171]

---

[169] Vgl. URL: http://www.hl7.org/v3ballot/html/infrastructure/rim/rim.html [Stand: 30.04.2011].
[170] Vgl. URL: http://sciphox.hl7.de/atwork/cda/ZusammenfassungCDA.pdf [Stand: 30.04.2011].

Da bei CDA-Dokumenten immer die Mensch-zu-Mensch Interoperabilität eine primäre Rolle einnimmt, erfolgt die Dokumentation in Textform. Dieser lesbare Text kann mit Informationsblöcken ergänzt werden, welche auch von IT-Systemen verwendet werden können. Die Spezifikation ermöglicht einen Detaillierungsgrad, der in drei aufeinander aufbauenden Levels den Einsatzbedingungen angepasst werden kann.[172] Das erste CDA Level kümmert sich um das Layout und die grundlegende Formatierung des Freitextes. Dokumente können damit ordentlich angezeigt werden, sind jedoch nicht maschinenlesbar. Im CDA Level 2 spielt die Interoperabilität bereits eine wichtige Rolle, weshalb einzelne Bestandteile des Dokumentes durch standardisierte Codes klassifiziert werden. Im dritten CDA Level werden maschinenlesbare Angaben durch Strukturen hinzugefügt, welche auf dem HL7-Standard basieren. Dies ermöglicht beispielsweise eine automatisierte Verarbeitung von Laborwerten nach deren Übermittlung, wobei LOINC für die standardisierte Verwendung von Begriffen und Identifikatoren eine hohe Anwendung erfährt.

Eine CDA beinhaltet Maßnahmen und Beobachtungen und weist folgende Eigenschaften auf, welche neben einer einfachen und effektiven Kommunikation zwischen Informationssystemen auch die Archivierung von Patientendaten ermöglicht:

- **Persistenz**: CDA-Dokumente dürfen nicht geändert werden und müssen für eine gewisse gesetzliche vorgegebene Dauer existieren.

- **Verantwortlichkeit**: Jedes CDA-Dokument muss einer verantwortlichen Person zugeordnet sein, um eine geregelte Verwaltung zu ermöglichen.

- **Echtheit**: Die in einem CDA-Dokument angesammelten Daten müssen einer rechtlichen Prüfung standhalten.

- **Vollständigkeit**: Eine Wiedergabe aller Informationen eines CDA-Dokumentes muss im Zusammenhang möglich sein.

- **Lesbarkeit**: Eine Lesbarkeit von CDA-Dokumenten muss für Menschen möglich sein, weshalb die Informationen in keinem Binärformat dargestellt sein dürfen.[173]

---

[171] Vgl. Abbildung aus: Haas, 2006, S. 334.
[172] URL: http://www.hl7.at/index.php?option=com_rd_glossary&Itemid=8 [Stand: 30.04.2011].
[173] Vgl. Bärwolff/Victor/Hüsken, 2006, S. 61.

Durch die Verwendung von HL7 CDA kann ein hoher Automatisationsgrad zwischen den Systemen erreicht werden, zumal eine maschinelle Auswertbarkeit gegeben ist.[174] Diese Dokumente können durch die Verwendung von HL7 V2.x oder V3 Nachrichten, als auch via E-Mail, HTTP (Hypertext Transfer Protocol) oder FTP (File Transfer Protocol) Protokolle zwischen den Informationssystemen übertragen werden.[175] Werden nun neue CDA-Dokumente geschickt, kann eine automatisierte Registrierung durch die im CDA-Dokument enthaltenen Metadaten erfolgen. Die Metadaten werden in die entsprechenden Indexierungsstrukturen eines Informationssystems eingefügt, wodurch die GDA eine höhere Transparenz und Kontrolle zu Patientendaten, wie beispielsweise Laborbefunden, erhalten.[176]

3.6.3.5 IHE

Die weltweit aktive Non-Profit-Initiative „Integrating the Healthcare Enterprise" (IHE) stellt technische Spezifikationen auf Basis etablierter Standards zur Verfügung, welche die Interoperabilität von IT-Lösungen im Gesundheitswesen unterstützen. IHE ist keine Normungsorganisation, welche eigene Standards entwickelt. Die Aufgabe von IHE besteht darin, Integrationsprofile zur Verfügung zu stellen, welche die Interoperabilität von IT-Anwendungen durch offene, transparente und leicht anwendbare Prozesse ermöglicht. Diese Integrationsprofile basieren auf internationalen Standards wie beispielsweise HL7, der hier als Industriestandard für den Datenaustausch zwischen Krankenhausinformationssystemen definiert ist. Die IHE Integrationsprofile spezifizieren, wie Teile ausgewählter Standards verwendet werden, um so beispielsweise Daten aus der Analytik von einem Krankenhausinformationssystem zum Anderen übermitteln zu können. Mit den Spezifikationen der Profile werden technische Anleitungen zur Verfügung gestellt, wie die speziellen Teile der Standards angewendet werden müssen um eine standardisierte Kommunikationen zwischen den Informationssystemen zu ermöglichen.[177]

Das Hauptziel von IHE ist die Herstellung von Interoperabilität zwischen IT-Anwendungen des Gesundheitswesens. Eine wesentliche Aufgabe stellt hierbei der Austausch von klinischen Daten zwischen Informationssystemen dar. Mittels IHE

---

[174] Vgl. Schaller, 2010, S. 29.
[175] Vgl. URL: http://www.hl7cda.com/ [Stand: 01.05.2011].
[176] Vgl. Haas, 2006, S. 341.
[177] Vgl. URL: http://www.ihe-europe.net/drupal/sites/default/files/IHE_Basics_GE.pdf [Stand: 01.05.2011].

„Cross-Enterprise Document Sharing" (IHE XDS) soll genau dieser unternehmensübergreifende Datenaustausch bewerkstelligt werden, welcher in nachfolgender Grafik ersichtlich ist.

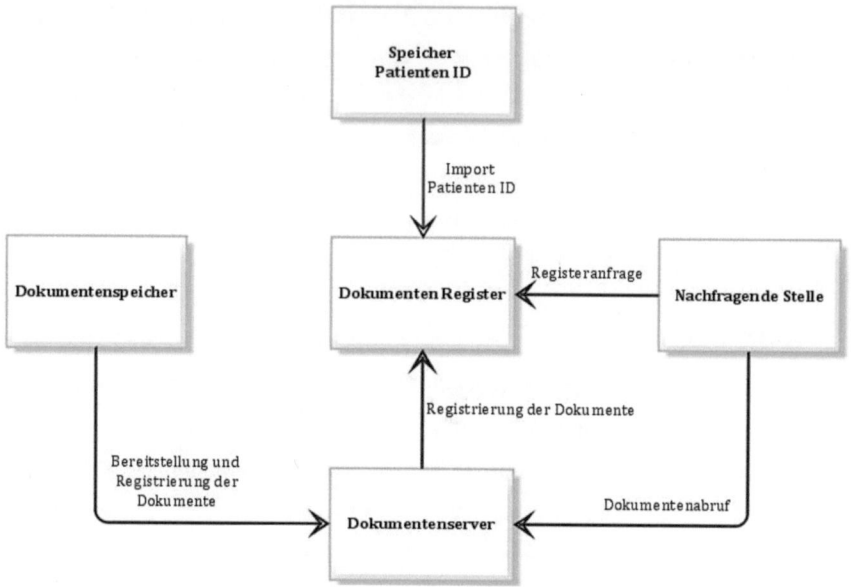

Abbildung 23: IHE XDS - Anwender und Transaktionen[178]

Wie Abbildung 23 zeigt, muss die Identität des Patienten sicher gestellt werden, um IHE XDS zu ermöglichen. Aus diesem Grund wird eine sogenannte „Patient Identity Source" definiert. Weiters wird ein Dokumentenserver benötigt, um die verschiedenen Dokumententypen zwischenspeichern zu können. Durch Metadaten in diesen Dokumenten, wird es möglich Verweise zu diesen Daten anzulegen, welche in einem Dokumentenregister verwaltet werden. Mittels XDS wird zudem eine Verzeichnisstruktur festgelegt und ein dreistufiges Sicherheitssystem (Audit Trail and Node Authentication – ATNA) definiert.[179]

Wie bereits in Kapitel 3.5.3.2 „Basiskomponenten" beschrieben wird, kommen Profile von IHE für die österreichische ELGA zum Einsatz. Die IHE mittlerweile unterschiedlichste Profile in den Gesundheitsbereichen vorweisen kann, werden in diesem Werk nur jene Profile näher erläutert, welche für ELGA und im Zuge dessen, die elektroni-

---

[178] Abbildung übernommen aus URL: http://wiki.ihe.net/index.php?title=Cross-Enterprise_Document_Sharing [Stand: 01.05.2011].
[179] Vgl. Hellrung et al., 2008, S. 108.

sche Übertragung von analytischen Daten relevant sind. Es handelt sich neben dem bereits beschriebenen IHE XDS um folgende IHE Profile:

- **IHE Profil ATNA**: ATNA ermöglicht eine Grundsicherung durch die Protokollierung der Zugriffe auf Patientendaten, welche von Kontrollorganen ausgewertet werden kann. Weiters werden damit Audits für die Sicherheit im Bereich der Anmeldung sowie eine sichere Netzwerkkommunikation abgedeckt.

- **IHE Profil BPPC**: Mit dem standardisierten IHE-Profil BPPC wird gewährleistet, dass nur berechtigte Zugriffe auf die Patientendaten erfolgen. Ein wichtiger Aspekt hierbei ist die Zustimmung des Patienten. BPPC verwaltet die Willenserklärung der Patienten und ermöglicht die Funktionalitäten zur Verwaltung der eigenen Zugriffsprofile.

- **IHE Profil PIX**: Das Patient Identifier Cross-Referencing ermöglicht eine Quer-Referenzierung aus unterschiedlichen Domänen (bspw. verschiedene KIS) zur Patientenidentifikation, um damit Informationen aus verschiedenen Systemen kumulieren zu können. Für die elektronische Gesundheitsakte wird hierzu der Patienten-Index verwendet, der sich am Profil PIX orientiert und hierbei die Patientenidentitäten verwaltet.

- **IHE Profil PDQ**: Mittels Patient Demographics Query können verteilte Systeme auf einen zentralen Patienteninformationsserver zugreifen. Dies ermöglicht eine rasche Aktualisierung von demografischen und geografischen Daten des Patienten sowie ein rasches Auffinden des Patienten bei gezielten Suchanfragen.[180]

Die Initiative zur Standardisierung der Kommunikationsprozesse von Gesundheitsdaten zwischen Gesundheitsdienstanbietern, ist in Österreich seit Mai 2007 durch einen Beschluss der Bundesgesundheitskommission verpflichtend als technisches Rahmenwerk vorgegeben worden. Damit soll eine international gültige Lösung für die Schaffung der elektronischen Gesundheitsakte erreicht werden.[181]

---

[180] Vgl. URL: http://wiki.ihe.net/index.php?title=Profiles [Stand: 01.05.2011].
[181] Vgl. Beschluss der Bundesgesundheitskommission zu ELGA, 2007, S. 2.

3.6.3.6 UN/CEFACT

Bei der UN/CEFACT (United Nations Centre for Trade Faciliation and Electronic Business) handelt es sich um eine Organisation, deren Mitglieder aus UNO-Mitgliedstaaten, zwischenstaatlichen Organisationen und Industrie- sowie Handelsverbänden besteht. Um das Ziel eines internationalen Datenstandards zu erreichen wurden Standards wie EDIFACT (Electronic Data Interchange For Administration, Commerce and Transport) und die ebXML Initiative (Electronic Business using XML) gegründet.[182]

Mittels ebXML wurde ein technischer Rahmen entwickelt, um jedem Unternehmen weltweit und unabhängig von der Unternehmensgröße, die Möglichkeit zu bieten, auf XML-basierten Dokumenten elektronische Geschäftsprozesse zu nutzen. Durch die Verwendung von ebXML ist es möglich eine standardisierte Übertragung von Geschäftsnachrichten durchzuführen, welche in nachfolgender Abbildung dargestellt ist.[183]

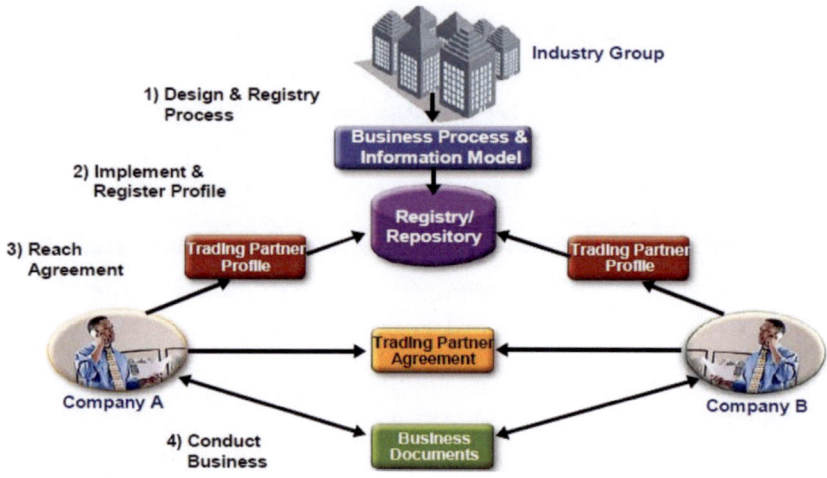

Abbildung 24: ebXML Architektur[184]

Die ebXML Architektur wird in den CCTS (Core Components Technical Specification) beschrieben, dass eine Methodik zur Entwicklung von semantischen Bausteinen darstellt.[185] Verwendet wird ein zentraler Verzeichnisdienst (Registry/Repository), der Profile von jedem am Geschäftsverkehr beteiligten Partner beinhaltet. Somit können Akteure einfach aufgefunden werden. Vor der Übertragung elektronischer Daten

---

[182] Vgl. URL: http://www.unece.org/cefact/about.htm [Stand: 01.05.2011].
[183] Vgl. Weitzel/Harder/Buxmann, 2001, S. 116ff.
[184] Abbildung übernommen aus: An OASIS White Paper, 2006, S. 5.
[185] Vgl. Core Components Technical Specification V2.01, 2003, S. 7.

werden die Rollen der Akteure in so genannten „Collaboration Protocol Profile" (CPP) beschrieben. Weiters werden die Rahmenvereinbarungen in einem „Collaboration Protocol Agreement" (CPA) hinterlegt, in dem auch beschrieben ist, welche Dokumente ausgetauscht werden und welchen Inhalt diese aufweisen.[186]

IHE hat die ebXML Initiative, im speziellen den ebXML adaptiert, wodurch den Akteuren bei einer Verwendung des XDR Profils in Kombination mit den Metadaten von ebXML eine verbesserte Interoperabilität zwischen deren Systemen ermöglicht wird.

3.6.3.7 Resümee

Von den beschriebenen international agierenden Organisationen und deren Produkten, scheinen sich jene Standards besonders für den Bereich der E-Analytik zu eignen, welche bereits von der ELGA GmbH bzw. auch mit dem Beschluss der Bundesgesundheitskommission für eine größtmögliche Nutzung der Interoperabilitätspotentiale empfohlen worden sind. Es handelt sich hierbei um folgende Standards:

- IHE Technical Framework
- HL7 CDA - Health Level Seven, Clinical Document Architecture
- LOINC - Logical Observation Identifiers Names and Codes
- HL7 RIM – Health Level Seven, Version 3, RIM[187]

Diese Standards haben das Potential, die Übertragung laboranalytischer Daten in Form von gerichteter wie auch ungerichteter Kommunikation zu bewerkstelligen. Die ungerichtete Kommunikation würde den Abgleich und die Aktualisierung von Labordaten zwischen KIS ermöglichen, während die gerichtete Kommunikation bspw. eine Laboranforderung aus einem bekannten Krankenhausinformationssystem unterstützt. In jedem Fall scheinen die Standards, welche im Zuge dieses Buches beschrieben worden sind, Lösungen für die Datenübertragung bereitstellen zu können und damit die Verfügbarkeit relevanter Daten zu verbessern.

---

[186] Vgl. Beimborn/Mintert/Weitzel, 2002, S. 277ff.
[187] Vgl. URL: http://www.bmg.gv.at/home/Schwerpunkte/E_Health/ELGA_Die_Elektronische_Gesundheitsakte/ Technisches_Framework_und_Standards_im_Gesundheitswesen [Stand: 01.05.2011].

3.7 Nutzen und Risiken der E-Analytik

Dieses Kapitel soll einen Überblick über den Nutzen und die Risiken der elektronischen Übertragung von Daten der Analytik, zwischen Krankenhausinformationssystemen ermöglichen und zudem kritische Erfolgsfaktoren der E-Analytik darstellen.

3.7.1 Vorteile und Nutzen

Die Vorteile und Nutzen, welche in der Literatur zu E-Health und davon abgeleitet von der E-Analytik beschrieben werden, lassen sich in Form der nachfolgenden Abbildung zusammenfassen. Das Hauptziel ist hierbei Kundenzufriedenheit herzustellen, wobei die Kunden in diesem Fall die Stakeholder sind, welche bereits in Kapitel 3.1 erwähnten wurden.

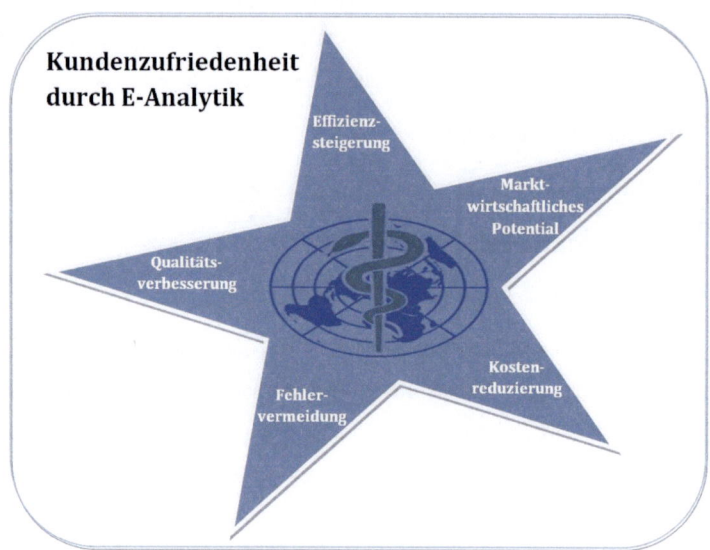

Abbildung 25: Nutzen der E-Analytik[188]

Die in der E-Analytik stattfindende elektronische Kommunikation zwischen Krankenhausinformationssystemen führt zu jenen in Abbildung 25 dargestellten Nutzen. Diese lassen sich folgendermaßen beschreiben:

---

[188] Eigene Abbildung

- **Effizienzsteigerung**: Durch die Verfügbarkeit relevanter Vergangenheitsdaten, wie Langzeitparameter oder Notfalldaten (bspw. Blutgruppe), können aufschlussreiche Informationen für die weitere Behandlung hinzugezogen werden. Neben der Qualitätsverbesserung und einer Reduzierung von Mehrfachuntersuchungen, kommt es auch zu einer Erhöhung der Sicherheit, zumal sich der GDA bei erstmaliger Behandlung oder bei einem Notfall nicht nur auf die Anamnese verlassen muss, sofern diese bei einem Notfall überhaupt möglich ist. Unnötige manuelle Handgriffe können aufgrund automatisierter und IT-gestützter Prozesse vermieden werden. Dies ermöglicht eine Verringerung von Routinetätigkeiten, wodurch das medizinische Personal entlastet wird.[189]

- **Reduzierung der Kosten**: Der einfache und rasche Zugriff auf relevante Labordaten eines Patienten, erlaubt die Vermeidung von unnötigen Tätigkeiten. So können beispielsweise neue Laboranforderungen oder Mehrfachuntersuchungen reduziert werden. Der rasche Zugriff auf die Labordaten eines Patienten hat zudem einen positiven Einfluss auf die Analyse, Therapie und nachfolgende Behandlung. Kommt es zu einer rascheren Genesung der Patienten, würde dies sich wiederum positiv auf die Kostenentwicklung, beispielsweise im Krankenhaus, auswirken.[190]

- **Vermeidung von Fehlern**: Fehler im diagnostischen Prozess entstehen, wie in Kapitel 1.1 beschrieben, durch Schnittstellen und manuellen Tätigkeiten. Dies kann beispielsweise das Anfordern von Parametern, mit einem handschriftlich ausgefüllten Anforderungsschein sein. Ein IT-unterstützter Vergleich von Labordaten, welche aus unterschiedlichen Informationssystemen bezogen werden können, würde die Transparenz steigern und ein Entdecken dieser Fehler erlauben. Falsche Analysen und möglicherweise patientenschädigende Behandlungen sollen damit reduziert werden.

- **Qualitätsverbesserung**: Durch die mögliche Nachverfolgbarkeit und Transparenz ist die im Gesundheitswesen notwendige Dokumentation gegeben, womit die Qualitäts- und Dokumentationsanforderungen der Gesetzgeber erfüllt werden (siehe Kapitel 3.6.1.4).[191] Zudem wird durch eine rechtzeitige Behandlung

---

[189] Vgl. Haas, 2005, S. 9.
[190] Vgl. Leiner et al., 2006, S. 117.
[191] Vgl. Busse/Schreyögg/Gericke, 2006, S. 75.

des Patienten die Qualität der Patientenversorgung erhöht, was sich schlussendlich wieder positiv auf die Genesungszeit und somit auf die Kosten im Gesundheitswesen auswirken kann.

- **Marktwirtschaftliche Vorteile**: Die E-Health Bereiche werden jedoch nicht nur als zusätzliche Aspekte für die Verbesserungen der Gesundheitsversorgung angesehen. Die Bedeutung von E-Health und damit jene der Übertragung von Labordaten nimmt auch in Bezug auf marktwirtschaftliche Aspekte mittlerweile einen hohen Stellenwert ein. Damit tritt jene Situation ein, welche die Europäische Union, durch deren Bemühungen in Bezug auf einheitliche Rahmenbedingungen, angestrebt hat. Die Prognosen für das Marktwachstum in Europa belaufen sich hierbei auf 5 Prozent p.a. bis zum Jahr 2020 und würden damit ein Marktpotential von etwa 34 Milliarden Euro erreichen.[192]

3.7.2 Nachteile und Risiken

E-Health und damit die elektronische Analytik sind auch mit Risiken und Nachteilen verbunden. Nachfolgende Punkte behandeln diese Thematik:

- **Sicherheitsrisiken**: Mit der extramuralen elektronischen Übertragung von Labordaten zwischen Krankenhausinformationssystemen, steigen die Anforderungen an die Sicherheit bei der Übertragung. Besonders die sensiblen Gesundheitsdaten erfordern ein hohes Maß an Sicherheit, welches beispielsweise durch datenschutzrechtliche Audits überprüft werden sollte.[193] Gerade bei komplexen Systemen ist eine ausreichende Austestung wichtig, um zu vermeiden, dass wichtige Daten unter Umständen nicht mehr verfügbar sind oder verfälscht werden.

- **Fehlende Interoperabilität**: Ist die Interoperabilität nicht gegeben, entstehen Risiken in Bezug auf die Semantik und damit das korrekte Verwenden von Daten bei der Übertragung von einem KIS in das Andere. Würden die Daten (bspw. Langzeitparameter) nicht korrekt interpretiert werden, hätte dies zur Folge, dass

---

[192] Vgl. Deutsche Bank Research, 2010, S. 12.
[193] Vgl. Voßbein, 2010, S. 162.

das Gesamtbild der Daten und damit die Entscheidung des Arztes in Bezug auf die Therapie, beeinflusst wird.[194]

- **Datenschutz**: In Bezug auf die Datensicherheit stellt sich auch die Frage nach dem Speicherort und den Zugriffsmöglichkeiten der Daten.[195] So wollen die Patienten oftmals nicht, dass deren Daten eingesehen werden können. Würden Aufsichtsstellen, Behörden und andere Dienstleister Zugriff auf die sensiblen Patientendaten erhalten, wäre dies aus datenschutzrechtlicher Sicht mehr als bedenklich.[196] Die Patienten werden mit ELGA die Möglichkeit haben, externe Zugriffe auf deren Daten durch ein Opt-Out Verfahren bzw. durch Einschränkungen der sichtbaren Daten einzuschränken bzw. zu vermeiden. Über ein Protokollsystem kann zudem nachverfolgt werden, wer auf die Patientendaten Zugriff genommen hat.

- **Kostenfaktor**: Um auch hier die monetären Kriterien nicht zu vergessen, muss an dieser Stelle auch auf die Kosten von ELGA und anderen Systemen zur Einrichtung der elektronischen Datenübertragung eingegangen werden. So werden beispielsweise 30 Millionen Euro für die Erstinvestitionskosten von ELGA angegeben, während andere Quellen wiederum von 150 bis 200 Millionen Euro sprechen.[197]

3.7.3 Kritische Erfolgsfaktoren

Die kritischen Erfolgsfaktoren in Bezug auf die E-Analytik orientieren sich stark an jenen der elektronischen Gesundheitsakte. Hierbei wird immer wieder auf das Thema der Akzeptanz verwiesen, welches seitens Patienten und GDA vorhanden sein muss. In Bezug auf die E-Analytik ist es wichtig, dass die Patienten eine Übermittlung von deren Labordaten an andere GDA akzeptieren. Aber auch die GDA müssen über die Möglichkeiten informiert werden, welche ein Zugriff auf beispielsweise Langzeitparameter, bietet. Die Systeme müssen hierbei auch die Möglichkeit schaffen, den GDA tatsächlich relevante Informationen zur Verfügung stellen zu können, da ansonsten die Gefahr einer Informationsflut droht. Um auf die weiteren Erfolgsfaktoren einzugehen, kann im Zuge

---

[194] Vgl. Schön, 2007, S. 78.
[195] Denz/Below, 2002, S. 2027.
[196] Vgl. URL: http://www2.argedaten.at/php/cms_monitor.php?q=PUB-TEXT-ARGEDATEN&s=15337wlg [Stand: 05.05.2011].
[197] Vgl. URL: http://www.computerwelt.at/detailArticle.asp?a=133893&n=6 [Stand: 05.05.2011].

dieses Buches auf das Kapitel 3.6 „Rahmenbedingungen von E-Health" verwiesen werden. Darin werden die gesetzlichen Anforderungen, die Interoperabilität sowie die Standards der Datenübertragung angeführt, welche einen wesentlichen Einfluss auf Erfolg oder Nicht-Erfolg für die E-Analytik haben. Ist es beispielsweise nicht möglich, die notwendige syntaktische Interoperabilität zwischen Krankenhausinformationssystemen herzustellen, so werden die Labordaten nicht an ihrem Ziel ankommen. Kann die semantische Interoperabilität zwischen den Systemen nicht umgesetzt werden, können die Labordaten nicht korrekt verarbeitet werden. Damit wäre wiederum die Prozess-Interoperabilität in Gefahr und eine Integration der IT-Systeme in Arbeitssituationen, wie die Diagnose und Therapie werden erschwert.

Um die Interoperabilität auf allen Ebenen zu erleichtern und damit einen Datenaustausch zwischen den Informationssystemen zu ermöglichen, wurden gesetzliche Bestimmungen und Standards geschaffen, welche folgende kritische Erfolgsfaktoren positiv beeinflussen sollen:

- **Vertraulichkeit:** Ein ausreichender Schutz gegenüber unbefugten Zugriffen muss gegeben sein. Änderungen dürfen nur durch Berechtigte durchgeführt werden.
- **Integrität:** Die Integrität der Daten ist durch Nutzung elektronischer Signaturen oder Verwendung sicherer Datennetze sicherzustellen.
- **Authentizität:** Die Identität der GDA muss feststellbar sein, was durch Nutzung von E-Health Verzeichnisdiensten möglich ist.
- **Dokumentationspflicht:** Der Datenschutz und die Datensicherheit sind seitens GDA durch Datensicherheitsmaßnahmen zu gewährleisten. Dies beinhaltet aber auch die notwendige Aktualität und Relevanz der Daten.

Wie in jeder Arbeitssituation dürfen bei den kritischen Erfolgsfaktoren auch die Kosten für die Erstellung und den laufenden Betrieb nicht vergessen werden. Durch die Berücksichtigung dieser Punkte wird eine erfolgreiche Umsetzung der E-Analytik, also dem Austausch von Labordaten zwischen KIS, möglich.

4 Experteninterviews

Dieses Kapitel dient der Zusammenfassung der Ergebnisse aus den Experteninterviews.

4.1 Methodik

Um dieses Buch mit empirischen Daten zu ergänzen, wurden Experten befragt, welche über ein besonderes Wissen zu den Bereichen Krankenhaus, Informationstechnologie und E-Health verfügen.[198]

Die Interviews wurden im April und Mai 2011 durch persönliche sowie telefonische Befragungen durchgeführt. Ein Interview hatte dabei eine durchschnittliche Dauer von etwa 20 Minuten. Die Dokumentation der Gespräche erfolgte durch die Verwendung von Tonbandaufzeichnungen. Die Aufzeichnungen wurden anschließend transkribiert, um in Kapitel 4.4 fallübergreifende Schwerpunkte ableiten zu können. Die Basis der gestellten Fragen, leitet sich aus den vorangegangenen Kapiteln zur Theorie ab. Vor dem Interview wurde ein Leitfaden an die Experten ausgeschickt. Damit wurde sichergestellt, dass die Experten eine Möglichkeit zur Vorbereitung hatten und für sich selbst feststellen konnten, ob die Informationen zu den Fragen verfügbar sind.[199] Zudem wurden die transkribierten Antworten an die jeweilige interviewte Person geschickt, um damit Ergänzungen zu ermöglichen sowie eine endgültige Freigabe zu erhalten.[200]

---

[198] Vgl. Gläser/Laudel, 2009, S. 11.
[199] Vgl. Gläser/Laudel, 2009, S. 117.
[200] Vgl. Gläser/Laudel, 2009, S. 191.

4.2 Interviewleitfaden

Der Leitfaden diente während der Befragung dazu, bestimmte Informationen zu erhalten.[201] Für dieses Werk wurden Fragen zu den Problemen, Nutzen und Rahmenbedingungen der elektronischen Übertragung von Labordaten zwischen Krankenhausinformationssystemen gestellt:

- **Wo entstehen bei der Übertragung von Labordaten (Daten der Analytik) die meisten Fehler bzw. Probleme?**
- **Wo entstehen Probleme bei der elektronischen Übertragung zwischen Krankenhausinformationssystemen?** Stichwörter: Daten / Prozesse und Organisation / Akzeptanz seitens Anwender.
- **Sehen Sie technische und organisatorische Möglichkeiten diese Fehler/Probleme zu reduzieren bzw. zu vermeiden?**
- **Wie kann E-Health bei der Reduzierung bzw. Vermeidung dieser Probleme unterstützen?** Stichwörter: Interoperabilität der IT-Systeme / Datenschutz und Datensicherheit /Standards der Datenübertragung.
- **Welcher konkrete Nutzen kann durch die elektronische Datenübertragung von Labordaten aus Ihrer Sicht generiert werden?**
- **Wie könnte eine elektronische Datenübertragung von Labordaten zwischen Krankenhausinformationssystemen gestaltet werden, um Fehler zu reduzieren und was sind kritische Erfolgsfaktoren um dies umzusetzen?**

Die gesamten transkribierten Interviews befinden sich im Anhang dieses Buches. Aus der Sicht der Befragten wurden Informationen abgeleitet, welche Antworten zu den Problemen im Bereich der Labordatenübertragung und dem Nutzen des Austausches dieser Daten für das Krankenhaus geben. Weiters wurde erhoben, welche notwendigen Rahmenbedingungen für den Datenaustausch erfüllt werden müssen.

---

[201] Vgl. Gläser/Laudel, 2009, S. 150.

4.3 Die Experten

Bei den befragten Experten handelt es sich um Personen aus dem Umfeld der biomedizinischen Analytik, der IT sowie dem Bereich E-Health. Diese werden in diesem Werk anonymisiert Experte 1 bis Experte 7 genannt.

- **Experte 1**: Professur mit Schwerpunkt Wirtschaftsinformatik
- **Experte 2**: Technische Geschäftsführung einer Organisation zur Implementierung der elektronischen Gesundheitsakte
- **Experte 3**: Leitung eines Institutes für Medizinische und Chemische Labordiagnostik
- **Experte 4**: Internetbeauftragter sowie Koordinator universitärer Angelegenheiten eines Krankenhauses
- **Experte 5**: Leitung IT Organisation in einem Krankenhaus
- **Experte 6**: Präsident einer HL7 Anwendergruppe sowie Lehrender an einer Fachhochschule mit Schwerpunkt Gesundheitswesen
- **Experte 7**: Präsident einer Interessensgemeinschaft zum Thema eHealth

4.4 Fallübergreifende Schwerpunkt-Matrix

In der nachfolgenden Matrix werden aus den Fragen und dahinter definierten Themenbereichen die fallübergreifenden Schwerpunkte abgeleitet. Die ersten beiden Fragen aus den Interviews beziehen sich auf die Problematik und die potentiellen Fehler, welche im Prozess der Übertragung von Labordaten auftreten können. Diese werden unter dem Themenbereich Probleme gesammelt.

Der nächste große Themenbereich behandelt den Nutzen und die Vorteile, welche E-Health im Bereich der Analytik stiften kann. Dies wurde mit den Fragen drei bis vier abgedeckt, in dem nach den Möglichkeiten der Fehlerbehebung durch organisatorische und technische Maßnahmen sowie durch den Einsatz von E-Health gefragt worden ist. Der konkrete Nutzen wurde mit der Frage fünf gestellt, wobei die Antworten der angeführten Fragen stark ineinander greifen.

Um die Rahmenbedingungen und kritischen Erfolgsfaktoren für die elektronische Datenübertragung von Labordaten zwischen Krankenhausinformationssystemen zu erfassen, werden die Antworten der Frage sechs im dritten großen Themenbereich kumuliert.

Themenbereiche	Abgeleitete Schwerpunkte
Probleme und potentielle Fehler	• Präanalytische Fehler • Heterogene Systemlandschaft • Menschliche Schnittstellen • Standardisierungsproblematik • Datenschutzrechtliche Aspekte • Politische Aspekte • Motivation
Vorteile und Nutzen	• Transparenz • Erhöhte Sicherheit • Standardisiertes Vorgehen • Zugriff auf Langzeitparameter • Selbstbestimmung des Patienten • Kosteneinsparung • Geschwindigkeit
Rahmenbedingungen und kritische Erfolgsfaktoren	• Standardisierung • Sicherheit • Kosten und Nutzen Aspekt • Gesetzliche Aspekte

Tabelle 6: Fallübergreifende Schwerpunkt-Matrix

Bei den abgeleiteten Schwerpunkten wurde darauf geachtet, dass mindestens 2 Experten diesen Schwerpunkt hervorheben und damit die Relevanz gegeben ist. Das gewählte Vorgehen ist angelehnt an die fallübergreifende komparative Analyse.[202]

---

[202] Vgl. Bohnsack, 2007, S. 225ff.

4.5 Interpretation der empirischen Erhebungen

In diesem Kapitel werden die aus den Interviews erfragten Schwerpunkte kurz beschrieben und interpretiert.

4.5.1 Probleme und potentielle Fehler

- **Präanalytische Fehler**: Diese potentiellen Fehler können bereits mit einer falschen Identifikation des Patienten während der Probenvorbereitung beginnen. Dies könnte beispielsweise ein falsches Bekleben von Barcodeetiketten auf die Probengefäße sein oder die nicht korrekte Probenzuordnung bei der Probenabnahme. Durch die Experteninterviews wird die Problematik der fehlenden standardisierten Patientenidentifikation hervorgehoben.

- **Heterogene Systemlandschaft**: In diesem Fall wurde seitens der Experten die Problematik angesprochen, dass die Systeme im Gesundheitswesen und damit auch in den Krankenhäusern sehr heterogen sind. Damit kommt es zu Situationen, welche einen durchgängigen Informationsfluss erschweren und manuelle Eingaben und Tätigkeiten erfordern. Ein einheitliches und organisationsübergreifendes Subsystem oder Krankenhausinformationssystem für die Unterstützung des durchgängigen diagnostischen Prozesses konnte nicht identifiziert werden.

- **Menschliche Schnittstellen**: Die manuellen Tätigkeiten der Dateneingabe aufgrund einer nicht durchgängigen elektronischen Übermittlung von analytischen Daten führen zu Schnittstellen. Ein Dokument wird beispielsweise auf Papier ausgedruckt und muss für die vollständige Dokumentation an anderer Stelle wieder digitalisiert werden. Diese Schnittstellen wurden seitens Experten als potentielle Fehlerquellen identifiziert und können neben einer Übermittlung fehlerhafter Daten auch zu Verspätungen oder völliger Versäumnis führen.

- **Standardisierungsproblematik**: Aus den Experteninterviews geht klar hervor, dass die unterlassene bzw. unterschiedliche Verwendung von Standards in den Krankenhäusern und im Gesundheitswesen zu Problemen führt. Es entsteht ein hoher Interpretationsspielraum was beispielsweise die Normwerte oder die Nomenklatur von Parametern anbelangt. So können bereits die unterschiedlichen

Bezeichnungen von Parameternamen zu unterschiedlichen Ergebnissen führen, wodurch diese eine Fehlerquelle darstellen. Die Standardisierungsproblematik bezieht sich auf alle drei Ebenen der Interoperabilität. So führen inkonsistente Datenbestände und unterschiedliche Identifikationen von Patienten und Analysen zu semantischen Problemen zwischen den Systemen. Aber auch die syntaktische Problematik darf durch die fehlende Kompatibilität der vorhandenen Systemschnittstellen nicht vernachlässigt werden. Dies bezieht sich auf die extra- und zugleich intramurale Übertragung der Labordaten. Diese Prozessebene verlangt ebenfalls eine standardisierte Lösung, um damit festlegen zu können, wann und wie oft Daten übertragen werden müssen, damit eine rasche und korrekte Diagnose auf Basis der analytischen Werte möglich wird. (Datenschutzrechtliche Aspekte)

- **Datenschutzrechtliche Aspekte**: Die Daten der Analytik gehören zu den sensiblen Patienteninformationen. Aus diesem Grund muss der Patient einwilligen, dass die Daten gesichtet werden dürfen. Dies stellt vor allem dann ein Problem dar, wenn der Patient nicht befragt werden kann (bspw. bewusstlos) oder wenn teure Untersuchungen notwendig sind, welche durch die Einsicht der bereits vorhandenen analytischen Werte, vermieden bzw. eingeschränkt werden können.

- **Politische Aspekte**: Die historisch gewachsenen Lösungen in diesem Bereich, führen zu Inkompatibilitäten zwischen den Krankenhäusern und deren Systemen. Da Änderungen mit Zeit und Kosten verbunden sind, wird verständlicherweise versucht die eigene, bereits vorhanden Lösung zu forcieren. Dies führt zu Interessenskonflikten bei der Umsetzung, wodurch wiederum die Standardisierungsproblematik nicht entschärft wird.

- **Motivation**: Wie bereits bei den politischen Aspekten erwähnt, erfordert die Umsetzung einer elektronischen durchgängigen Lösung den Einsatz von Zeit und Geld. Zum Teil sind die Vorteile von E-Health nicht klar kommuniziert bzw. ersichtlich, wodurch die Motivation der beteiligten Stakeholder keine rasche Umsetzung von standardisierten übergreifenden Lösungen für die Übertragung der analytischen Daten erlaubt.

4.5.2 Vorteile und Nutzen

- **Transparenz**: Ein großer Vorteil der E-Analytik stellt die Möglichkeit auf Einsicht bereits vorhandener Informationen dar. Durch die Vernetzung könnten damit Labordaten, wenn seitens Patienten erlaubt, einfach und rasch eingesehen und für die Diagnose verwendet werden, wodurch die Effizienz und Sicherheit erhöht werden kann.

- **Erhöhte Sicherheit**: Durch die Verwendung vorhandener Sicherheitskonzepte wie dem Bürgerkartensystem, kann eine einheitlich durchgängige Identifikation von Patienten erreicht werden. Damit können Probleme bei der Probenvorbereitung und –gewinnung in der präanalytischen Phase entschärft werden. Weiters führt die durchgängige elektronische Kommunikation zu einer Reduzierung der Schnittstellen und reduziert unnötige Tätigkeiten. Dies betrifft auch die Übertragung der Labordaten zwischen den Krankenhausinformationssystemen.

- **Standardisiertes Vorgehen**: Durch die europäischen und österreichweiten Vorgaben in Bezug auf die elektronische Datenübertragung, wird die Interoperabilität zwischen den Krankenhausinformationssystemen sowie deren Subsystemen gefördert. Hierbei werden auch IHE und HL7 als international gebräuchliche Standards bestätigt. Dies hat Auswirkungen auf die technische bzw. syntaktische Interoperabilität in Form einer sicheren und einheitlichen Übertragung der Daten. Weiters können die semantischen Probleme durch die Verwendung normierter Einheiten, Nomenklaturen und Standards reduziert werden. Das anfordernde Krankenhausinformationssystem kann die Daten des sendenden KIS empfangen und richtig zuordnen. Dies bedingt, dass das sendende KIS die Anforderung richtig aufgenommen hat. All das bildet die Voraussetzung für den weiteren diagnostischen Prozess, welcher durch die Verwendung normierter Dokumententypen wie beispielsweise CDA eine erhöhte Automatisierbarkeit erlaubt.

- **Zugriff auf Langzeitparameter**: Der Zugriff auf die Langzeitparameter anderer KIS erlaubt eine Erhöhung der Validität der Parameter und ermöglicht eine zusätzliche Qualitätssicherung der Laborwerte. In gewissen Fällen ermöglicht die Sicht auf diese Daten eine Reduzierung weiterer Probenentnahmen und vermeidet dadurch Unannehmlichkeiten für die Patienten.

- **Selbstbestimmung des Patienten**: Durch die Selbstbestimmung des Patienten, wer auf dessen Daten Einsicht nehmen darf, wird die Problematik des Datenschutzes reduziert.

- **Kosteneinsparung**: Die Möglichkeit die Daten der Analytik elektronisch zu übermitteln entlastet die Mitarbeiter bei deren Tätigkeiten, da manuelle Eingabe und lästige Sucharbeiten vermieden werden können.

- **Geschwindigkeit**: Eine Übertragung von Labordaten zwischen Krankenhausinformationssystemen würde die Zeit bis zur Einsichtnahme wichtiger Daten deutlich reduzieren. Damit wäre eine raschere Behandlung für den Patienten möglich.

4.5.3 Rahmenbedingungen und kritische Erfolgsfaktoren

- **Standardisierung**: Seitens der befragten Experten wird klar auf die Notwendigkeit einer Standardisierung in diesem Bereich hingewiesen. Integrierte Lösungen sind notwendig, um sicher und effizient arbeiten zu können. Hierbei wird auf die syntaktische, semantische und Prozess Interoperabilität hingewiesen, welche im Bereich der Standardisierung alle wichtigen Bereiche abdeckt.

- **Sicherheit**: Die einheitliche Identifikation der Patienten stellt ein zentrales Bedürfnis der interviewten Experten dar. Auch klare Zuständigkeiten und Möglichkeiten seitens der Gesundheitsdiensteanbieter müssen definiert und rückverfolgbar sein. Dies inkludiert das Berechtigungssystem für den Datenzugriff, welcher mit dem GDA-Index abgedeckt wird.

- **Kosten und Nutzen Aspekt**: Sofern die notwendigen Kosten und Investitionen den Nutzen einer elektronischen Übertragung von Labordaten zwischen Krankenhausinformationssystemen übersteigen, wird eine rasche und durchgängige Umsetzung weiterhin ein langersehnter Wunsch bleiben. Gerade im Gesundheitswesen, wo die Kosten eine wesentliche Rolle spielen, muss dieser Aspekt berücksichtigt werden.

- **Gesetzliche Aspekte**: Die datenschutzrechtlichen Anforderungen werden in Form von Gesetzen und Verordnungen an die Stakeholder im Gesundheitswesen kommuniziert. Sofern diese Verordnungen keine klaren und durchgängigen

Rahmenbedingungen in Bezug auf die Übertragung von Labordaten vorgeben, wird eine international und national durchgängige Lösung Utopie bleiben.

Im nachfolgenden Grobkonzept werden die dargestellten Schwerpunkte der Empirie mittels theoretischer Implikation weiter behandelt.

5 Grobkonzept der Labordatenübertragung

In diesem Teil des Buches wird ein einfaches und übersichtliches Grobkonzept für die gerichtete elektronische Übertragung analytischer Daten zwischen Krankenhausinformationssystemen beschrieben. Hierzu werden im ersten Teil dieses Kapitels die empirischen Erkenntnisse mit den, aus den Literaturrecherchen gewonnenen Informationen, gegenübergestellt und kumuliert.

Der Fokus wird auf jene Schwerpunkte gesetzt, welche in der Theorie und der Empirie als besonders relevant beschrieben werden.

Im darauffolgenden Part wird das eigentliche Grobkonzept dargestellt.

Da die Interoperabilität zwischen den Krankenhausinformationssystemen sehr wichtig ist, werden die in Kapitel 3.6.2 beschriebenen Ebenen als Basis für das Grobkonzept herangezogen. Das Kapitel endet mit einer Beschreibung der Vorteile, welche bei Anwendung des Grobkonzeptes für die Stakeholder entstehen. In Abbildung 26 wird die Struktur mit den wesentlichen Komponenten des Grobkonzeptes und damit dieses Kapitels grafisch verdeutlicht.

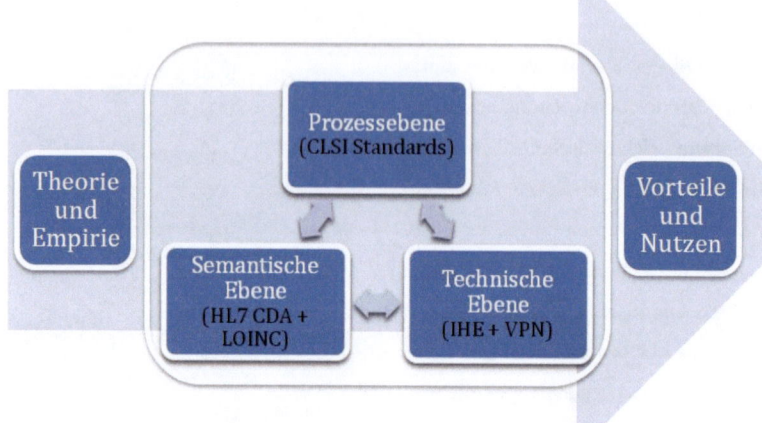

Abbildung 26: Struktur des Grobkonzeptes[203]

5.1 Theoretische Implikation der empirischen Ergebnisse

Nachfolgend werden die empirischen Erkenntnisse (siehe Kap. 4.5) und die theoretischen Inhalte dieses Buches (siehe Kap. 3) zusammengefasst. Es werden jene Schwerpunkte fokussiert, welche in der Theorie und der Empirie als besonders wichtig beschrieben werden. Der direkte Zusammenhang der Probleme, Vorteile und Rahmenbedingungen, lässt sich durch die nachfolgende Grafik besser verdeutlichen.

---

[203] Eigene Darstellung.

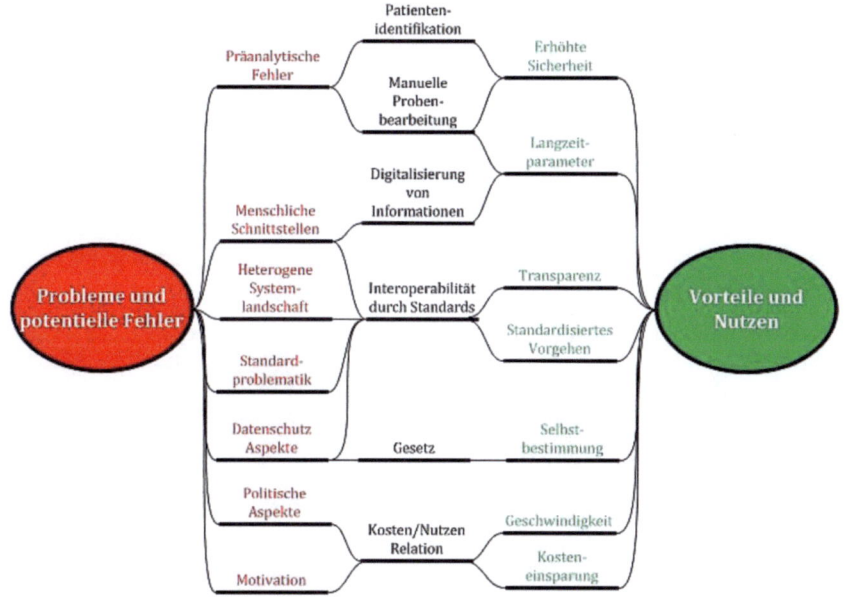

Abbildung 27: Vernetzte Schwerpunkte[204]

5.1.1 Probleme und potentielle Fehler

Sowohl die Theorie als auch die Empirie weisen auf die im diagnostischen Prozess entstehenden präanalytischen Fehler hin. Besonders die Problematik der korrekten Patientenidentifikation und die Probenvorbereitung und –abnahme sind immer wieder genannte Probleme. Auch die heterogene Systemlandschaft im Gesundheitswesen wird in der Theorie und der Praxis als Problem wahrgenommen. So werden durchgängige Informationsflüsse erschwert und ein manuelles Eingreifen notwendig. Gerade diese manuellen Eingriffe stellen aus Expertensicht eine wesentliche Fehlerquelle dar.

> „Die meisten Fehler bei der Übertragung von Labordaten entstehen dort, wo noch manuell übertragen werden muss. Das heißt, wo keine direkte elektronische Übertragung stattfindet, sondern wo Mitarbeiter und Mitarbeiterinnen Laborwerte manuell eingeben müssen. Das ist natürlich die größte Fehlerquelle."[205]

Ein durchgängiger Informationsfluss und die damit verbundene Vermeidung manueller Schnittstellen durch menschliches Eingreifen, werden als Möglichkeit zur Reduzierung von Problemen gesehen.

---

[204] Eigene Darstellung.
[205] Experte 3, 2011.

Dem gegenüber steht die bereits beschriebene Standardisierungsproblematik, welche eine durchgängig internationale Interoperabilität erschwert. Diese Problematik betrifft die technische Ebene, die semantische Ebene und die Prozessebene. So ist eine Datenübertragung zwischen Informationssystemen problematisch, wenn die verwendeten Datenformate und Transportwege nicht klar kommuniziert und gemäß den aktuellen Sicherheitsanforderungen umgesetzt werden. Diese Problematik betrifft nicht nur die externe Kommunikation sondern auch die internen Datenflüsse des KIS mit deren Subsystemen. Sind die Daten am Ziel angelangt, ist eine korrekte Interpretation für den weiteren Prozess sehr wichtig. Aufgrund der unterschiedlichen Normwerte und Nomenklatur, stellt dieses semantische Problem ebenfalls einen Schwerpunkt dar, welcher in Theorie und Praxis besondere Aufmerksamkeit erhält. Es kommt hinzu, dass notwendige Daten schwer wiedergefunden werden, wenn kein durchgängiges System vorhanden ist. Das Einscannen von Ergebnissen in Papierform führt nicht unbedingt zu einer Lösung, da die Labordaten oft nicht automatisch zu den restlichen Informationen hinzugefügt werden, sondern in Form eines elektronischen Dokumentes an anderer Stelle gesichert sind.

> *„Die meisten Probleme und Fehler entstehen immer dort, wo manuell eingegriffen wird. Angefangen im Labor, wenn dort Daten manuell erfasst werden oder in die Automatisierungsprozesse, in welcher Form auch immer, eingegriffen wird. Oder auch auf der Station, bei der manuellen Übertragung in die Fieberkurve, wenn ein Befund abgeschrieben wird."*[206]

Eine genannte Herausforderung stellen auch der Datenschutz und der rechtliche Umgang mit den sensiblen Patienteninformationen dar. Damit die notwendige, rasche Versorgung geleistet werden kann und keine doppelten Untersuchungen gemacht werden müssen, ist ein Zugriff auf diese Daten notwendig. Aus datenschutzrechtlicher Sicht darf dies nur nach Einverständnis des Patienten geschehen.

Auch die politischen Interessen wurden sowohl durch die Empirie als auch in der Theorie angeführt. Hierbei stellen vor allem die unterschiedlichen Interessen der Stakeholder ein Problem dar. Ergänzend zur Theorie wurde von den interviewten Experten das Thema Motivation genannt, welches sich auch im Bereich der Politik, in diesem Fall die geschäftspolitischen Interessen, eingliedern lässt. Sind die Vorteile nicht klar ersichtlich, die Kosten jedoch umso mehr, stellt eine Umsetzung aus ökonomischer Sicht verständlicherweise nicht die höchste Priorität dar.

---

[206] Experte 5, 2011.

5.1.2 Vorteile und Nutzen

Die Vorteile und Nutzen der elektronischen Übertragung von Labordaten werden in der Theorie und der Empirie mit Transparenz, erhöhter Sicherheit, Qualität und Effizienz beschrieben. So führt die Transparenz zu einer besseren Einsicht in die bereits vorhandenen Daten eines Patienten. Es handelt sich hierbei beispielsweise um den Zugriff auf die Langzeitparameter, welche eine Qualitätssicherung der Laborwerte erlauben und Probenentnahmen sowie weitere Analysen reduzieren kann. Die Transparenz führt in diesem Sinne zu einer Effizienzsteigerung und gleichzeitiger Qualitätsverbesserung. Um jedoch solche Daten in elektronischer Form zu erhalten, müssen Daten in standardisierter Form geschickt werden.

Eine solche Standardisierung wird dabei auf den drei bereits genannten Ebenen durchgeführt, welche in der Literatur wie auch in den Experteninterviews einen wichtigen Faktor darstellen. Diese Ebenen beziehen sich auf die technische bzw. syntaktische Ebene, die semantische Ebene sowie die Prozessebene. Laut interviewtem Experten wird für die technische Interoperabilität oftmals HL7 mit dessen entsprechenden Protokollen eingesetzt. Damit kann eine massive Qualitätssteigerung und Verbesserung erreicht werden.[207] Auf der semantischen Ebene kann LOINC im Bereich des Labors zum Einsatz kommen. Für die Prozessebene gibt es den IHE Workflow. Dieser beschreibt, welche Akteure im Labor üblicherweise vorkommen und definiert die möglichen Szenarien für den Labordatenaustausch. Diese Szenarien werden in ausreichender Form getestet, um schnell funktionierende und sichere Schnittstellen zu erhalten, welche zur notwendigen Effizienzsteigerung führen.

Diese Effizienzsteigerung führt wiederum dazu, dass die Zeit- und Kosteneinsparung die Motivation der Stakeholder zu einer raschen Umsetzung der elektronischen Lösung bewegt.

> *„Wie alle IT Projekte zwingt auch E-Health die Akteure ihre Kollaborationsprozesse zu überarbeiten und zu standardisieren, um die beschriebene Interoperabilität zu erreichen. Im Kern der meisten Anstrengungen steht jedoch der Wunsch nach einem patientenzentrierten Datenmanagement mit dem Ziel, die Systemeffizienz der Versorgungssysteme zu verbessern. Das Verbessern der Behandlungsqualität, das Lenken des Patientenstroms, das Verhindern von Fehlern und Mehrfachuntersuchungen und dadurch auch das Optimieren der Versorgungseinrichtungen sind Ziele, die mit einem patientenzentrierten Datenmanagement erreicht werden können."*[208]

---

[207] Vgl. Experte 6, 2011.
[208] Experte 7, 2011.

Gerade die Vermeidung von manuellen Routinetätigkeiten hat hierbei eine merkliche Verbesserung bei der Verfügbarkeit von wichtigen Informationen zur Folge. Durch die Verwendung von Standards, werden jene Probleme reduziert, welche bisher durch die zahlreichen Schnittstellen und damit verbundenen manuellen Tätigkeiten auftreten. Davon ausgehend, lassen sich die in der Literatur und durch die Experteninterviews erhobenen Vorteile erzielen.

5.1.3 Rahmenbedingungen und kritische Erfolgsfaktoren

Um einen sicheren Austausch von Labordaten zwischen Krankenhausinformationssystemen zu bewerkstelligen, müssen jene Rahmenbedingungen, welche bereits in den vorherigen Kapiteln beschrieben worden sind, beachtet werden. Ergänzend kommen jene Faktoren hinzu, welche in den Experteninterviews identifiziert worden sind. In beiden Fällen liegen die Schwerpunkte bei der Standardisierung, dem Thema Sicherheit und dem Kosten/Nutzen Aspekt.

Die Sicherheit soll mittels standardisierten Lösungen wie beispielsweise CDA-Dokumenten oder dem XDS Kommunikationsmodell von IHE erreicht werden. Damit sollen die Rahmenbedingungen erfüllt werden, welche für semantisch und gut strukturierte Daten notwendig sind. Dabei sollen nicht sofort wieder neue Ideen entwickelt, sondern die bereits vorhandenen Möglichkeiten ausgeschöpft werden. Die Standardisierung spielt im Bereich der elektronischen Kommunikation zwischen Krankenhausinformationssystemen eine wesentliche Rolle. Es käme ohne diese Standards niemals zu jenem gewünschten Effizienzgrad, welcher die notwendigen Kosten- und Zeiteinsparungen sowie die wichtige Datensicherheit ermöglicht. In diesem Zusammenhang werden wiederum oftmals die IHE Profile sowie Health Level 7 genannt, da internationale und nationale Empfehlungen vorhanden sind und dies sicherlich auch zu jener Verbreitung und Akzeptanz geführt hat.

„Je breiter die Akzeptanz der technischen Vorgaben ist, umso schneller können sich Lösungen verbreiten und Nutzen bringen."[209]

Eine wesentliche Basis stellt laut den interviewten Experten ELGA dar, welche ein überregionales Konzept verfolgt, welches auch durch die Gesetzgebung gestützt wird. Hierbei wird das Pull-Konzept, ein Beziehen von Daten aus dezentralen Datenbanken

---

[209] Experte 7, 2011.

ermöglicht. Aber auch das Push-Prinzip bringt Vorteile, da Anforderungen zu Labordaten an externe Partner und die darauf folgenden Datenflüsse, elektronisch gelöst werden können. Dies vermeidet ein weiteres aktives Anfragen zu analytischen Daten und eine direkte Datenaufnahme in das jeweilige KIS. Diese gezielten Datenflüsse können bei entsprechender automatisierter Verarbeitung, die Anforderungen der Anwender nach relevanten Informationen erfüllen. Vorrausetzung hierfür ist die sichere Datenübertragung, welche gemäß gesetzlichen Bestimmungen die Aspekte Vertraulichkeit, Integrität, Authentizität und Dokumentationspflicht erfüllen muss.

Auch wenn die elektronische Übertragung von Labordaten auf standardisierte, sichere und effiziente Weise erfolgt, dürfen die Kosten nicht außer Acht gelassen werden. Es handelt sich laut den interviewten Experten hierbei nicht nur um die Implementierungskosten für ein System zur Übertragung elektronischer Labordaten, sondern auch um die laufenden Kosten welche nicht unterschätzt werden dürfen.

5.1.4 Resümee

Mittels Experteninterviews konnte die Bedeutung der standardisierten Datenübertragung nochmals klar hervorgehoben werden. Diese Informationen in Kombination zur theoretischen Ausarbeitung dieses Werkes, unterstreicht die Wichtigkeit der Thematik. Bei einer Umsetzung der elektronischen Übertragung von Labordaten zwischen KIS sind daher die „drei Ebenen" zur Erreichung der Interoperabilität zu beachten. Es handelt sich hierbei um die syntaktische Ebene, die semantische Ebene sowie die Prozessebene, welche in Kapitel 3.6.2 näher beschrieben sind und in nachfolgendem Grobkonzept als Basis herangezogen werden.

Weiters muss dezidiert zwischen der gerichteten und ungerichteten Kommunikation unterschieden werden. Bei der ungerichteten Kommunikation, welche nach dem Pull-Prinzip arbeitet, sind die Vorgaben der elektronischen Gesundheitsakte ELGA zu beachten und umzusetzen. Für die gerichtete Kommunikation ist es aufgrund der Experteninterviews sowie der Literaturrecherchen sinnvoll, sich an den international gängigen Standards wie HL7 zu orientieren. In jedem Fall muss die sichere Datenübertragung aufgrund der sensiblen Patienteninformationen hohe Priorität einnehmen.

Nachdem eine ungerichtete Kommunikation von Labordaten in Form von Befunden bereits mittels ELGA geplant ist, wird im Zuge dieses Buches der Fokus auf die gerichtete Kommunikation zwischen Krankenhausinformationssystemen gesetzt. Dabei sind die genannten Probleme wie Patientenidentifikation, heterogene Systeme und damit einhergehende unterschiedliche Schnittstellen, welche zu fehlerbehafteten, manuellen und kostenintensiven Tätigkeiten führen, zu beachten. Auf den genannten Kostenfaktor wird im Zuge des Grobkonzeptes nicht näher eingegangen. Sehr wohl jedoch auf die für Anwender und Patienten verbundenen Vorteile und Nutzen, welche durch die elektronische Übertragung entstehen. Da neben diesem Erfolgsfaktor auch die gesetzlichen Rahmenbedingungen beachtet werden müssen, sollen diese ebenfalls im Grobkonzept erwähnt werden.

Ziel ist es, das Grobkonzept einfach und übersichtlich darzustellen und die bereits genannten Kriterien zum sicheren elektronischen Austausch von Labordaten, zwischen Krankenhausinformationnsystemen, einfließen zu lassen.

5.2 Grobkonzept

Das Grobkonzept basiert auf den drei, in Kapitel 3.6.2 beschriebenen Ebenen, zur Schaffung einer durchgängigen Interoperabilität und sicheren elektronischen Datenübertragung zwischen Krankenhausinformationssystemen. Es handelt sich um die syntaktische bzw. technische Ebene, in welcher die Datenübertragung zwischen den Krankenhausinformationssystemen beschrieben wird. Weiters wird die semantische Ebene benötigt, in welcher die Daten und deren Struktur geregelt sind. Diese beiden Ebenen bilden die Voraussetzung für die Prozessebene, in welcher die Arbeitsprozesse mit Unterstützung der IT-Systeme koordiniert werden.

Um dieses Grobkonzept durchgängig transparent und übersichtlich zu gestalten, wird die notwendige Prozessebene dargestellt. Davon lassen sich in weiterer Folge die benötigten Daten und damit die semantische Ebene ableiten. Zuletzt werden die technischen Möglichkeiten der elektronischen Datenübertragung grob erläutert, die mit den bereits dargestellten Ebenen und jenen im Buch angeführten Rahmenbedingungen (siehe Kapitel 3.6) abgestimmt sein muss.

5.2.1 Prozessebene

In diesem Abschnitt des Buches wird der Soll-Prozess einer gerichteten elektronischen Übertragung von Daten der Analytik zwischen Krankenhausinformationssystemen erläutert. Dieser beginnt, wie bereits in Kapitel 2.2.2 „Phasen der Diagnostik" ersichtlich, in der präanalytischen Phase. Die dargestellten Prozessschritte orientieren sich am CLSI (Clinical and Laboratory Standards Institute) Standard H3-A6, indem die Abnahme diagnostischer Proben beschrieben wird.[210]

Ein Patient sucht das Krankenhaus auf, um sich untersuchen zu lassen. Mittels seiner Versicherungskarte werden die Identität des Patienten und sein Versicherungsschutz überprüft. Nachdem der Patient durch den Arzt untersucht worden ist, werden für die weitere Diagnose spezielle Blutwerte benötigt. Die notwendigen Parameter werden in einem Subsystem des KIS elektronisch hinterlegt. In nachfolgendem ereignisgesteuerten Prozessgraphen (Abbildung 28) wird dieser Prozess grafisch verdeutlicht.

---

[210] Vgl. CLSI Committee Membership: H3-A6, Vol. 27, No. 26, S. 5f.

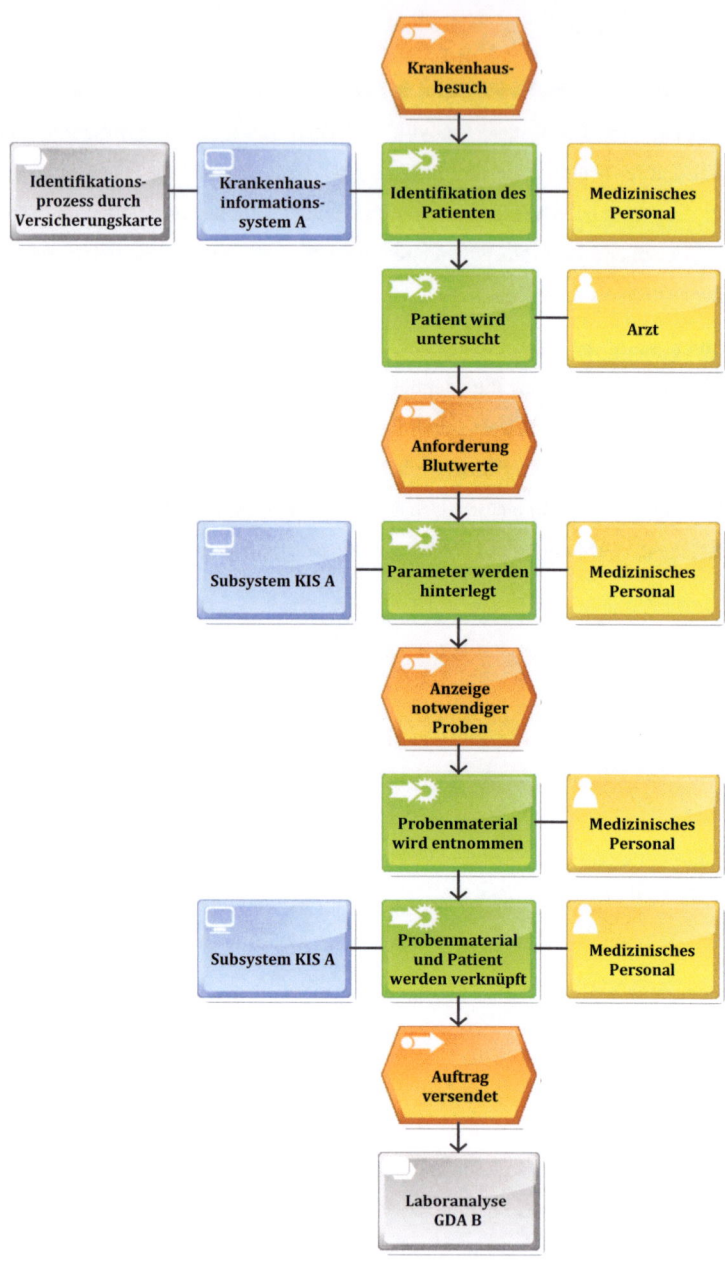

Abbildung 28: Präanalytischer Soll-Prozess[211]

---

[211] Eigene Darstellung.

Nachdem die Parameter im Subsystem, das in nachfolgender Abbildung 29 ersichtlich ist, hinterlegt worden sind, zeigt dieses automatisch die benötigten Probenröhrchen an. Die benötigten vorbarcodierten Probenröhrchen werden vom blutabnehmenden Personal für die Probenabnahme verwendet und mit dem Blut des Patienten befüllt. Nach der erfolgreichen Probenentnahme findet ein Scan der Proben statt, wodurch die Proben mit dem Patienten und dessen Auftrag verknüpft werden. Bei der dargestellten Software handelt es sich um ein Produkt der Firma Greiner Bio-One GmbH.

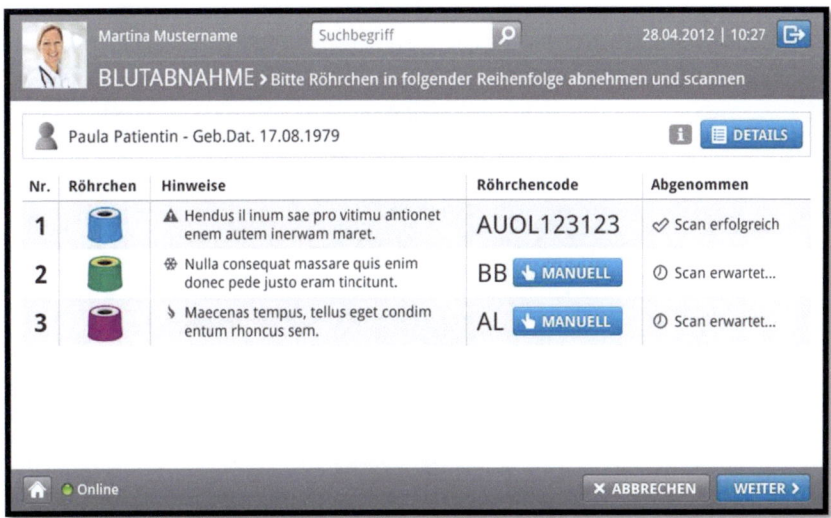

Abbildung 29: Greiner Barcode System[212]

Nachdem der Abnahmeprozess durch das medizinische Personal abgeschlossen worden ist, werden die Proben an das Labor weitergeleitet. In diesem Fall handelt es sich um ein externes Labor, welches im Krankenhaus B stationiert ist. Aus diesem Grund wird der elektronische Auftrag über das Subsystem des KIS A an das externe Subsystem des KIS B mittels einer gesicherten Datenverbindung weitergeleitet. Die physischen Proben werden in der Zwischenzeit durch einen Kurier an das Krankenhaus B geschickt.

Nachdem die Proben im Krankenhaus B eingetroffen sind, werden diese überprüft und angenommen. Dieser Prozess findet durch einen automatischen Sortierer statt, welcher die Proben scannt. Über das Subsystem des KIS B wurde der Sortierer bereits informiert, um welche Proben es sich hierbei handeln muss und wann das Probenmaterial

---

[212] Abbildung übernommen aus: Kurzanleitung - Greiner Barcode System, 2011, S. 7.

erzeugt wurde. Durch diese Methode ist es möglich, die Qualität und Vollständigkeit der Proben zu überprüfen. Sobald diese Überprüfung positiv abgeschlossen worden ist, werden die Proben an Geräte wie den im Kapitel 2.2.3.1 angeführten Cobas 6000 für die Analyse übergeben. Mit dem Abschluss der Analyse, kann die technische und medizinische Validierung durchgeführt werden. Nach der Freigabe der Werte, kommt es erneut zu einer Übermittlung der Daten. Dieses Mal sendet das Subsystem des KIS B die Werte über eine gesicherte Datenverbindung zurück an das Subsystem des KIS A. Für den anfordernden GDA ist im KIS A ersichtlich, welche Daten vorhanden sind bzw. noch kommen werden und die Diagnose kann darauf abgestimmt werden.

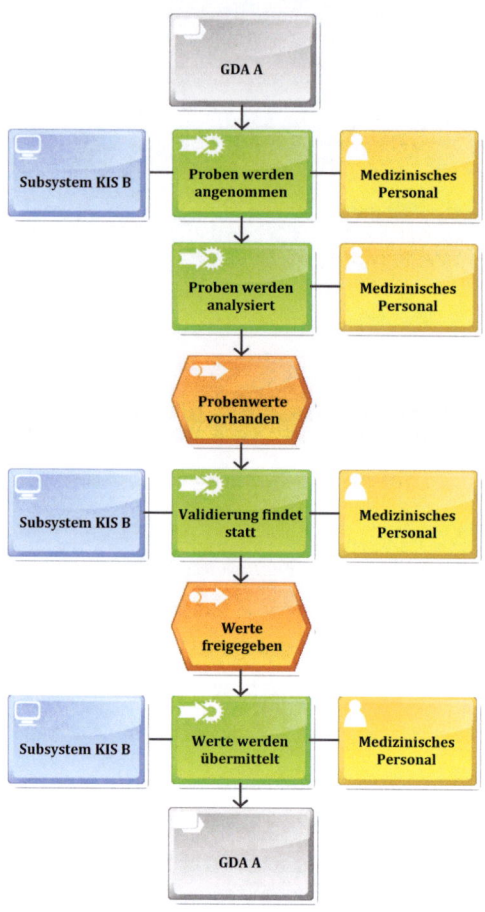

Abbildung 30: Analytischer Soll-Prozess[213]

---

[213] Eigene Darstellung.

Die Daten sind damit im anfordernden Krankenhausinformationssystem angelangt und können für den weiteren diagnostischen Prozess des Patienten herangezogen werden. In der Abbildung 30 wird dieser Prozess dargestellt, welcher auf der CLSI Richtlinie H18-A4 basiert.[214]

5.2.2 Semantische Ebene

In diesem Teil des Grobkonzeptes werden die notwendigen Daten definiert. Es handelt sich dabei um jene Daten, welche zwischen den Subsystemen der Krankenhäuser A und B übertragen werden. Aufgrund der Experteninterviews sowie den empfohlenen Standards aus der Theorie wird hierbei auf die Clinical Document Architecture V3 gesetzt. Die CDA Dokumente zeichnen sich, wie in Kapitel 3.5.3.4 näher beschrieben, durch die notwendige Struktur zur Förderung der semantischen Interoperabilität aus und stellen einen XML-basierten Dokumenten-Markup Standard im klinischen Bereich dar. Dieser wird in diesem Grobkonzept mittels standardisierten Vokabulars kombiniert, damit die Anforderungen des Krankenhauses A auch vom Labor des Krankenhauses B verstanden werden. Die Laborstammdaten sind in diesem Fall auf LOINC codiert (siehe Kapitel 3.5.3.3). Die CDA Dokumente werden gemäß den ELGA Leitfäden für Laborbefunde definiert, wodurch eine hohe Nachhaltigkeit in Bezug auf die Anforderungen des österreichischen Gesundheitswesens und zum Teil der europäischen Union gegeben ist.[215]

Die CDA Dokumente setzen sich aus einem Header und einem Body zusammen. Der Header der Anforderungs- sowie der Antwortnachricht enthält unter anderem folgende Informationen:

- **Patientendaten**: Es handelt sich hierbei beispielsweise um den Vor- und Nachnamen des Patienten, dessen Adresse, Geschlecht, Sozialversicherung usw.

- **GDA Daten**: Dies können beispielsweise der Name und die Kontaktdaten des anfordernden Arztes oder Informationen zum anfragenden oder empfangenden Gesundheitsdiensteanbieter sein.

- **Objektidentifikatoren (OIDs)**: Diese dienen der durchgängigen Rückverfolgbarkeit und beschreiben Krankenhäuser, Organisationseinheiten, Personen, Ob-

---

[214] Vgl. CLSI Committee Membership: H18-A4, Vol. 30, No. 10, S. 3ff.
[215] Vgl. Leitfaden Addendum ELGA CDA Laborbefund Version 1.01, 2009, S. 16.

jekte, Verfahren und andere wichtige Informationen, welche im CDA erwähnt werden. Sie können bei HL7 beantragt werden.

- **Versionsnummer des Dokuments**: Durch die Versionierung der Nachrichten kann eine zeitnahe Verfügbarkeit von Informationen bzw. Labordaten erreicht werden, da die CDA Dokumente nicht vollständig sein müssen. Ein laufender und rascher Austausch der analytischen Daten ist möglich.[216]

Durch den Header erhalten die im Grobkonzept inkludierten Informationssysteme wichtige Informationen über die Dokumente selbst, die am Dokument teilnehmenden Akteure und deren Beziehungen zueinander. Dies entspricht einem Teil der Struktur, des in Abbildung 21 dargestellten HL7 - RIM Modells. Durch den Body werden die restlichen Anforderungen erfüllt. In diesem Teil der Nachrichten ist es möglich eine Vielzahl an Informationen in strukturierter, stark verschachtelter und maschinenlesbarer Form zu hinterlegen. Diese werden, wie in Kapitel 3.5.3.4 bereits näher erläutert, in drei Levels eingeteilt. Während CDA Level 1 die Struktur des Dokumentes beschreibt, beinhaltet CDA Level 2 bereits klinische Informationen:

- **Probeninformationen**: Hierbei werden Informationen angeführt, welche sich auf den probenabnehmenden GDA, die Identifikationsnummer der Probe, die Materialart, die Art und Zeit der Probengewinnung usw. beziehen können.

- **Ergebnisse**: Die Anforderung stellt auch automatisch jenes Dokument dar, welches mit den Daten des analysierenden GDA befüllt wird. Es werden damit beispielsweise die Analysen, Ergebnisse, Einheiten und Referenzbereiche hinterlegt.

- **Zusätzliche Informationen**: Hierbei werden beispielsweise Informationen vom analysierenden GDA hinterlegt, welche den Probeneingang, die technische oder medizinische Validierung betreffen.[217]

Für das Grobkonzept spielt das standardisierte CDA Level 3 eine wichtige Rolle, da in diesem Level die codierten HL7 und LOINC Informationen maschinenlesbar sind. Dies unterstützt bei der erwünschten Interoperabilität zwischen den Krankenhausinformationssystemen.

---

[216] Vgl. Leitfaden ELGA CDA Dokumente 1.00, 2009, S. 27.
[217] Vgl. Leitfaden ELGA CDA Dokumente 1.00, 2009, S. 28.

```xml
<templateId root="1.3.6.1.4.1.19376.1.3.1.6"/>
<id extension="OBS-1-7"
    root="2.16.840.1.113883.2.16.1.99.3.1"/>
<code code="26515-7" codeSystem="2.16.840.1.113883.6.1"
    codeSystemName="LOINC" displayName="Thrombozyten"/>
<text>
    <reference value="#OBS-1-7"/>
</text>
<effectiveTime value="20081201073406+0100"/>
<value unit="10*3/mm3" value="165" xsi:type="PQ"/>
<interpretationCode code="N"
    codeSystemName="HL7.ObservationInterpretation"
    codeSystem="2.16.840.1.113883.5.83"
    displayName="Normal"/>
<interpretationCode code="D"
    codeSystemName="HL7.ObservationInterpretation"
    codeSystem="2.16.840.1.113883.5.83"
    displayName="Signifikant gefallen"/>
<!-- Referenzbereich -->
<referenceRange typeCode="REFV">
    <observationRange classCode="OBS" moodCode="EVN.CRT"
        <!-- text: reference range with preconditions -->
        <text>150 - 360</text>
        <value xsi:type="IVL_PQ">
            <low value="150" unit="10*3/mm3"/>
            <high value="360" unit="10*3/mm3"/>
        </value>
        <interpretationCode code="N"
            codeSystemName="HL7.ObservationInterpretation"
            codeSystem="2.16.840.1.113883.5.83"
            displayName="Normal"/>
    </observationRange>
</referenceRange>
```

Abbildung 31: Ausschnitt eines Laborbefundes mittels CDA[218]

Die Abbildung 31 zeigt einen Ausschnitt eines möglichen klinisch-chemischen Laborbefundes mit maschinenlesbarem CDA Level 3. Diese Laborbefunde im XML Format werden durch ELGA Redaktionsteams laufend weiterentwickelt.[219] In diesem Grobkonzept wird bewusst auf jenen Standard verwiesen, da eine Neuentwicklung semantischer proprietärer Strukturen nicht zielführend ist. Diese Daten werden im Grobkonzept zwischen den Subsystemen der KIS ausgetauscht. Wie dieser Austausch funktioniert, wird im nachfolgenden Part des Grobkonzeptes erläutert.

5.2.3 Technische Ebene

Die technische Ebene wird für das Grobkonzept und die Interoperabilität benötigt, um Daten zwischen den KIS übertragen zu können (siehe Kapitel 3.5.2.2). Wie diese Übertragung der analytischen Daten zwischen den Krankenhausinformationssystemen

---

[218] Abbildung übernommen aus: ELGA Beispieldokument für einen Klinisch-Chemischen Laborbefund, 2011.
[219] Vgl. Experte 2, 2011.

unter Verwendung der genannten Subsysteme funktioniert, wird in nachfolgender Grafik grob dargestellt.

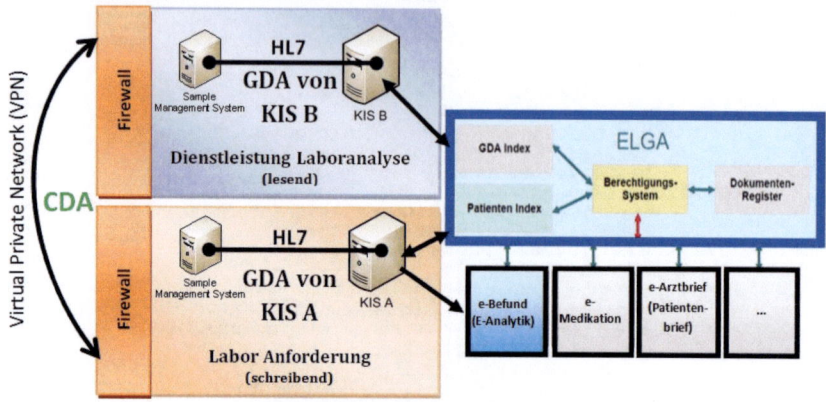

Abbildung 32: Syntaktische Ebene[220]

Die Übertragung orientiert sich dabei an der Architektur von ELGA (siehe Abbildung 17), welche wiederum auf dem international anerkannten IHE XDS Profil aufsetzt. Diese Kombination erlaubt für das Grobkonzept eine geplante ungerichtete Kommunikation über die ELGA Infrastruktur und zugleich die gerichtete Kommunikation. Diese wird für die Übertragung von Laborbefunden, nach deren externer Analyse, benötigt.

Die Übertragung der CDA Dokumente findet mittels einer Virtual Private Network Verbindung (VPN) zwischen den Subsystemen der Krankenhausinformationssysteme statt. Die Kommunikation findet jedes Mal dann statt, wenn Analysen benötigt werden oder Daten zum Senden zur Verfügung stehen. Durch das virtuelle private Netzwerk und ein damit eingesetztes Verschlüsselungsverfahren, wird vermieden, dass wichtige Informationen verloren gehen, unerlaubt gelesen oder manipuliert werden. Die VPN Verbindung sowie das eingesetzte Verschlüsselungsverfahren werden im Zuge dieses Buches nicht näher erläutert.

Da die CDA Nachricht maschinenlesbar ist, können die Anforderungen bzw. die Ergebnisse schnell und korrekt vom jeweiligen KIS übernommen und auch interpretiert werden. Im Falle einer Anforderung erhalten die Mitarbeiter aus dem durchführenden Labor somit klare Anweisungen, welche Parameter zu welchen Proben benötigt werden. Bei der Übermittlung der Ergebnisse können die Parameter korrekt im anfordernden

---

[220] Eigene Darstellung.

KIS A dargestellt und vom jeweiligen Arzt für eine Diagnose herangezogen werden. Die weiteren Vorteile werden in nachfolgendem Kapitel zusammengefasst.

5.3 Nutzen und Vorteile

Dieses Kapitel fasst den Nutzen und die Vorteile der elektronischen Übertragung von Labordaten zwischen Krankenhausinformationssystemen zusammen. Diese beziehen sich auf die in Abbildung 27 zusammengefassten Probleme und zu beachtenden Rahmenbedingungen aus Theorie und Empirie.

Aufgrund der durchgängigen elektronischen Kommunikation, welche in der präanalytischen Phase beginnt und mit der Befundübermittlung endet, können die beschriebenen präanalytischen Fehler reduziert werden. Die Identifikation der Patienten wird durch die Verwendung der ELGA-Infrastruktur und dessen Komponente „Patienten-Index" vereinheitlicht. Bei der Authentifizierung der Patienten mittels deren Versicherungskarte, wird damit die Gefahr einer Verwechslung reduziert. Im präanalytischen Prozess wird auf diese, zentral im KIS hinterlegten Patientendaten, zugegriffen. Selbst bei einer externen Analyse kann mittels ELGA sowie den Patientendaten im verschlüsselten CDA Dokument, immer auf den gleichen Patienten referenziert werden. Im Prozess der Probenabnahme wird durch den Scan von vorbarcodierten Probengefäßen eine Verbindung zwischen Patient und Probenmaterial hergestellt. Für den Patientenauftrag werden durch diesen Identifikationsprozess alle notwendigen Daten, welche für die spätere Analyse notwendig sind, hinterlegt. Dies erhöht die Effizienz und Qualität jener Prozesse wesentlich.[221]

Damit entfallen für das Krankenhaus und andere GDA die mühsamen Recherche- und Eingabetätigkeiten bei der Verwaltung der Patientendaten. Die frühzeitige Digitalisierung der Daten sowie die rasche interne und externe Weiterleitung jener Informationen an zentrale Informationssysteme wie das KIS, ermöglichen eine Reduzierung von Schnittstellen. Zeit- und kostenintensive Tätigkeiten, wie beispielsweise die manuelle Digitalisierung von Daten und deren anschließende Suche, werden minimiert. Die rasche Auffindbarkeit und die Informationen über den aktuellen Status von Labordaten,

---

[221] Vgl. Experte 1, 2011.

stellen für das medizinische Personal einen wichtigen Aspekt dar.[222] Aber auch die Verwendung von Produkten wie vorbarcodierte Probenbehältnisse, ermöglichen für den präanalytischen Prozess eine Reduzierung der Vorbereitungstätigkeiten. Die vorbarcodierten Proben werden nach deren Befüllung dem Patienten und dessen Auftrag mittels Scan zugeordnet. Dies führt zu einer wesentlichen Reduzierung der Fehlerrate. Die Daten werden nach der Auftragserstellung sofort elektronisch an jenes Informationssystem weitergeleitet, welches für die Analyse der Proben zuständig ist. Die Aufträge werden vom analysierenden GDA bereits vorab geplant. Bei Probeneingang müssen die Proben des Patienten nur noch in den automatischen Sorter gestellt werden. Durch die bereits vorhandenen Aufträge im System wird an dieser Stelle überprüft, ob alle Proben vorhanden sind und die Qualität der Proben noch gegeben ist. Danach wird sofort mit der Analyse der Proben begonnen und der im ausführenden KIS hinterlegte Patientenauftrag wird nach technischer und medizinischer Validierung mit Daten befüllt. Ist aufgrund gewisser Umstände ein Warten auf den gesamten Auftrag nicht möglich, werden fertig analysierte Parameter sofort über die sichere und verschlüsselte VPN Verbindung an das anfordernde KIS übermittelt. Der anfordernde GDA sieht im Krankenhausinformationssystem die eingetroffenen Daten bzw. wird über die fehlenden Daten informiert. Sind ausreichend Parameter des Patienten im KIS eingelangt, kann der anfordernde GDA mit der Diagnose und Therapie beginnen.

Dieser Prozess ist selbst bei heterogenen Systemlandschaften umsetzbar, da aufgrund der verwendeten, international anerkannten Standards wie HL7 und CDA, eine korrekte Interpretation und Verwendung der Daten möglich ist. Die Subsysteme der Krankenhausinformationssysteme stellen für das Grobkonzept in diesem Fall eine Übersetzungs- und Übertragungsfunktion dar, sollte das KIS eine unflexible proprietäre Datenstruktur aufweisen.

Die gesetzlichen und datenschutzrechtlichen Anforderungen, welche in Kapitel 3.5.1 beschrieben sind, werden in diesem Grobkonzept durch die Verwendung der ELGA Infrastruktur ebenfalls erfüllt. Dies führt zu mehr Vertrauen der Patienten und wirkt sich damit positiv auf die ambulanten und stationären Besuche aus.

Die im Grobkonzept erwähnten Prozessschritte führen zu mehr Effizienz im diagnostischen Prozess. Die positiven Auswirkungen zeigen sich u.a. bei sinnvollen neuen

---

[222] Vgl. Experte 4, 2011.

Einsatzmöglichkeiten des Personals, da eine Entlastung bei bisher manuellen Tätigkeiten möglich wird. Eine weitere positive Auswirkung stellt der zeitliche Nutzen durch die rasche Verfügbarkeit wichtigen Daten dar. Dies betrifft zum einen die Verfügbarkeit neuer Daten mittels gerichteter Datenübertragung bei externen Analysen, wie auch den Zugriff auf vorhandene Langzeitparameter durch die ungerichtete Kommunikation über ELGA. Die Effizienzsteigerung ermöglicht eine Senkung der Kosten, welche besonders im Gesundheitswesen einen wichtigen Faktor darstellt. Diese Kosteneinsparungen führen hierbei nicht nur in politischen Kreisen zur notwendigen Akzeptanz. Der im Grobkonzept dargestellte Nutzen und die geringeren Kosten haben auch positive Auswirkungen auf die Motivation aller erwähnten Stakeholder, was zu einer hohen Akzeptanz auf allen Ebenen führt.

6 Fazit und Ausblick

Im vorliegenden Buch wurden die Rahmenbedingungen, die Vorteile und Nachteile einer elektronischen Übertragung von analytischen Daten zwischen Krankenhausinformationssystemen theoretisch wie auch empirisch behandelt. Das daraus entworfene Grobkonzept zeigt, dass die Rahmenbedingungen in Bezug auf die technische, semantische und prozessseitige Umsetzbarkeit bereits durch internationale E-Health Initiativen in anwendbarer Form definiert worden sind.

Die aus dem Grobkonzept resultierenden Vorteile und Nutzen machen eindeutig klar, dass die elektronische Übertragung in diesem Bereich die zukünftige Entwicklung darstellt. Dies geschieht auch bereits in unterschiedlicher Ausprägung. Um das gesamte E-Health Potential hierbei nachhaltig ausschöpfen zu können, ist eine Verwendung von international anerkannten Standards zu empfehlen und damit die Interoperabilität zwischen den Krankenhausinformationssystemen zu fördern. Eine einheitliche internationale Lösung, welche für jedes Krankenhaus angewendet werden kann, wird es nach derzeitigem Stand nicht geben. Es wird jedoch durch die Anwendung erwähnter Standards die notwendige Transparenz und Datenverfügbarkeit gefördert.

Bezogen auf die Analytik und die daraus entstehenden Labordaten, bedeutet dies, dass Labordaten für die Therapie, wenn aus Qualitäts- und Aktualitätsgründen möglich, nicht erneut gewonnen werden müssen. Die Blutabnahmen beim Patienten können damit reduziert werden. Die Daten aus dem KIS stehen dem GDA zu jenem Zeitpunkt zur Verfügung, wenn diese benötigt werden. Es können damit rasche Entscheidungen getroffen werden. Aufgrund des zunehmenden Einsatzes mobiler Endgeräte (bspw. Tablets oder Smart Phones) stehen dem Arzt die Labordaten auch in einem Notfall schnellstens zur Verfügung. Die Behandlungszeiten werden damit reduziert und redundante Tätigkeiten vermieden. Diese Punkte tragen wesentlich zu einem gut funktionierenden Gesundheitssystem bei.

Zukünftig wird diese Datenverfügbarkeit und Transparenz auch für die Patienten zuhause immer wichtiger werden. So können mittels Telemedizin laufend wichtige Daten, wie beispielsweise Blutzuckerwerte durch den Patienten selbst gewonnen und den behandelnden Ärzten zur Verfügung gestellt werden.[223] Die gesammelten relevanten Informationen werden in der Gesundheitsakte gesichert und stehen den Patienten jederzeit zur Verfügung. Ein Aufsuchen des Arztes durch den Patienten wird zukünftig also in reduzierter Form stattfinden. Der erstellte Befund wird in der Gesundheitsakte gesammelt und ist dort für den Patienten in verständlicher Form aufbereitet und einsehbar. Das Eintreffen des Befundes bei ELGA könnte durch ein solches System sogar eine automatische Bestellung wichtiger Medikamente auslösen, die dem Patienten zugeschickt werden. Eine sichere Datenübertragung, welche auf den, in Kapitel 3.5.1 beschriebenen Faktoren Vertraulichkeit, Integrität, Authentizität, Dokumentationspflicht, Verbindlichkeit und Verfügbarkeit aufbaut, ist hierbei unumgänglich. Nur damit können die gesetzlichen Anforderungen zum Schutz der vertraulichen Patientendaten sichergestellt werden.

Das Problem einer älter werdenden Gesellschaft wird damit nicht eingeschränkt. Die mittels E-Health bereits erreichten Meilensteine und noch nicht voll ausgeschöpften Möglichkeiten verhelfen jedoch dazu, die Kosten im Gesundheitswesen zu reduzieren und dabei gleichzeitig die notwendige Qualität zu erhalten bzw. noch weiter zu verbessern. Besonders in Bezug auf den analytischen Prozess, der wie zu Beginn dieses Buches beschrieben (siehe Kapitel 1.1), zu den fehleranfälligsten Bereichen im Gesundheitswesen zählt, sind solche Maßnahmen sehr wichtig.

---

[223] Vgl. Paschen et al., 2004, S. 104f.

Literaturverzeichnis

Monographien, Bücher und Sammelbände

Abts, Dietmar / Mülder, Wilhelm: Grundkurs Wirtschaftsinformatik: eine kompakte und praxisorientierte Einführung; 6. Auflage, Wiesbaden/Germany, 2009.

Ammenwerth, Elske / Haux, Reinhold: IT-Projektmanagement im Krankenhaus und Gesundheitswesen, Stuttgart/Germany, 2005.

Bärwolff, Hartmut / Viktor, Frank / Hüsken, Volker: IT-Systeme in der Medizin: IT-Entscheidungshilfe für den Medizinbereich – Konzepte, Standards und optimierte Prozesse; 1. Auflage, Wiesbaden/Germany, 2006.

Beckers, Rainer / Jürgen Sembritzki: Gesundheitstelematik, in: Hurrelmann, Klaus / Laaser, Ulrich / Razum, Oliver: Gesundheitswissenschaften; 4. Auflage, Weinheim/Germany, 2006.

Beimborn, Daniel / Mintert, Stefan / Weitzel, Tim: Web Services und ebXML, in: Wirtschaftsinformatik, 44 Jg., Heft 3, 2002.

Benson, Tim: Principles of health interoperability HL7 and SNOMED, New York/USA; London/UK, 2010.

Bertsch, Thomas / Wisser, Hermann: Aussage und Nutzen von Laborergebnissen, in: Guder, Walter G. / Nolte, Jürgen (Hrsg.): Das Laborbuch für Klinik und Praxis; 2. Auflage, München/Germany, 2009.

Bohnsack, Ralf: Typenbildung, Generalisierung und komparative Analyse: Grundprinzipien der dokumentarischen Methode, in: Bohnsack, Ralf / Nentwig-Gesemann, Iris / Nohl, Arnd-Michael: Die dokumentarische Methode und ihre Forschungspraxis - Grundlagen qualitativer Sozialforschung; 2. Auflage, Wiesbaden/Germany, 2007.

Busse, Reinhard / Schreyögg, Jonas / Gericke, Christian: Management im Gesundheitswesen, Heidelberg/Germany, 2006.

Deh, Uwe / Dralle, Ralf: Zentrenbildung im Krankenhaus – ein ungesteuerter Großversuch, in: Klauber, Jürgen / Robra, Bernt-Peter/Schellschmidt, Henner: Krankenhaus-Report 2008/2009; Stuttgart/Germany, 2009.

Deutemeyer, Melanie / Thiekötter, Andrea: Studienführer Pflege und Gesundheit in Österreich ein Beitrag zur Professionalisierung durch Akademisierung, Wien/Austria, 2007.

Dörner, Klaus: Klinische Chemie und Hämatologie; 5. Auflage, Stuttgart/Germany, 2003.

Dugas, Martin / Schmidt, Karin: Medizinische Informatik und Bioinformatik: ein Kompendium für Studium und Praxis, Berlin/Germany, 2003.

Duhm-Harbeck, Petra: Standardisierte Labordatenübermittlung, in: Bruhn, Hans D. / Fölsch, Ulrich R. / Schäfer, Heiner: Labormedizin: Indikation, Methodik und Laborwerte. Pathophysiologie und Klinik; 2. Auflage, Stuttgart/Germany, 2008.

Gläser, Jochen / Laudel, Grit: Experteninterviews und qualitative Inhaltsanalyse: Als Instrument rekonstruierender Untersuchungen; 3. Auflage, Wiesbaden/Germany, 2009.

Guder, Walter G.: Die Qualität labormedizinischer Untersuchungen – Voraussetzungen in der präanalytischen und analytischen Phase, in: Guder, Walter G. / Nolte, Jürgen (Hrsg.): Das Laborbuch für Klinik und Praxis; 2. Auflage, München/Germany, 2009.

Haas, Peter: Medizinische Informationssysteme und elektronische Krankenakten; 1. Auflage, Berlin/Germany; Heidelberg/Germany, 2005.

Haas, Peter: Gesundheitstelematik: Grundlagen, Anwendungen, Potentiale; Heidelberg/Germany, 2006.

Haas, Peter / Kuhn, Klaus: Krankenhausinformationssysteme – Ziele, Nutzen, Topologie, Auswahl, in: Kramme, Rüdiger (Hrsg.): Medizintechnik – Verfahren, Systeme, Informationsverarbeitung; 3. Auflage, Berlin/Germany, 2007.

Hellrung, Nils et al.: Informationsmanagement für vernetzte Versorgungsstrukturen, in: Amelung, Volker / Sydow, Jörg / Windeler, Arnold: Vernetzung im Gesundheitswesen: Wettbewerb und Kooperation, Stuttgart/Germany, 2008.

Herbig, Britta / Ammenwerth, Elske: Informations- und Kommunikationstechnologien im Krankenhaus – Grundlagen, Umsetzung, Chancen und Risiken, Stuttgart/Germany, 2006.

Johner, Christian / Haas, Peter / Bachmann, Werner: Praxishandbuch IT im Gesundheitswesen erfolgreich einführen, entwickeln, anwenden und betreiben, München/Germany, 2009.

Köhler-Frost, Wilfried / Elsken, Heiner: Unternehmen Krankenhaus, Berlin/Germany, 1995.

Leiner, Florian et al.: Medizinische Dokumentation – Lehrbuch und Leitfaden: Grundlagen einer qualitätsgesicherten integrierten Krankenversorgung; 5. Auflage, Stuttgart/Germany, 2006.

Lupik, Michael / Wiedemann, Bernhard / Schnell, Gerhard: Bussysteme in der Automatisierungs- und Prozesstechnik: Grundlagen, Systeme und Trends der industriellen Kommunikation; 6. Auflage, Wiesbaden/Germany, 2006

Müller, Carsten / Löll, Christiane / Bechtold, Henner: Klinikleitfaden für alle Stationen: Leitsymptome – Krankheitsbilder – Praxistipps; 3. Auflage, München/Germany, 2008.

Paschen, Herbert et al.: Nanotechnologie: Forschung, Entwicklung, Anwendung; Berlin/Germany, Heidelberg/Germany, New York/USA, 2004.

Pföhler, Wolfgang: Die Bildung von Versorgungszentren und Leistungsnetzen im Praxistest am Beispiel der Rhön-Klinikum AG, in: Klauber, Jürgen / Robra, Bernt-Peter/Schellschmidt, Henner: Krankenhaus-Report 2008/2009; Stuttgart/Germany, 2009.

Rippen, Helga E. / Yasnoff, William A.: The Electronic Health Record Systems in Population Health, in: Lehmann, Harold P.: Aspects of electronic health record systems; 2. Auflage, New York/USA, 2006.

Schmeh, Klaus: Elektronische Ausweisdokumente: Grundlagen und Praxisbeispiele, München/Germany,2009.

Schön, Melanie: Medizinische Psychologie und Soziologie, Heidelberg/Germany, 2007.

Schramm-Wölk, Ingeborg / Schug, Stephan. H.: e-Patientenakte und e-Gesundheitskarte, in: Jähn, Karl / Nagel, Eckhard: e-Health; Berlin/Germany; Heidelberg/Germany, 2004.

Stausberg, Jürgen: Folgen der DRGs für den Einsatz von Informations- und Kommunikationstechnologien im Krankenhaus, in: Klauber, Jürgen / Robra, Bernt-Peter / Schellschmidt, Henner: Krankenhaus-Report 2003 – Schwerpunkt: G-DRGs im Jahre 1, Stuttgart/Germany, 2004.

Tauss, Jörg: Vertrauen in die Informationsgesellschaft, in: Klumpp, Dieter et al.: Informationelles Vertrauen für die Informationsgesellschaft; Berlin/Germany, 2008.

Trill, Roland: Praxishandbuch eHealth – Von der Idee zur Umsetzung; 1. Auflage, Stuttgart/Germany, 2009.

Warda, Frank: Patienten-Empowerment durch den Einsatz elektronischer Gesundheitsakten, in: Jäckel, Achim (Hrsg.): Telemedizinführer Deutschland, Bad Nauheim/Germany, 2006.

Weitzel, Timm / Harder, Thomas / Buxmann, Peter: Electronic Business und EDI mit XML, Heidelberg/Germany, 2001.

Voßbein, Reinhard: Datenschutz Best Practice – Ausgewählte Lösungen für die Praxis; 5. Auflage, Heidelberg/Germany, 2010.

Zauner, Martin / Schrempf, Martin: Informatik in der Medizintechnik: Grundlagen, Software, computergestützte Systeme, Wien/Austria; New York/USA, 2009.

Fachartikel und Journale

Bergmann, Joachim: openEHR – Die Geschichte eines Baukastensystems für eine gemeinsame Elektronische Gesundheitsakte, in: Forum der Medizin-Dokumentation und Medizin-Informatik, Ausgabe 1, 2005.

Bhasale, Alice: The wrong diagnosis: identifying causes of potentially adverse events in general practice using incident monitoring, in: Family Practice, Vol. 15, No. 4, 1998.

Büttner, Johannes: Laboratory findings: Structure, validity and significance for medical cognition processes, in: Eur. J. Clin. Chem. Clin. Biochem, Vol. 29, 1991.

CLSI Committee Membership: H3-A6 – Procedure for the Collection of Diagnostic Blood Specimens by Venipuncture; Approved Standard – Sixth Edition, 2007.

CLSI Committee Membership: H18-A4 – Procedures for the Handling and Processing of Blood Specimens for Common Laboratory Tests; Approved Guideline – Fourth Edition, 2010.

Denz, Martin D. / Below, Georg C.: Die Gesundheitskarte als Schlüssel zu eHealthcare, in: . Schweizerische Ärztezeitung, Nr. 39, 2002.

Forsman, Rodney W.: Why is the laboratory an afterthought for managed care organizations? In: Clinical Chemistry, Vol. 42, 1996.

Fonseca, Telmo / Ribeiro, Cristina / Granja, Cristina: Vital Signs in Intensive Care: Automatic Acquisition and Consolidation into Electronic Patient Records, in: Journal of Medical Systems, Vol. 33, No. 1, 2009.

Graber, Mark L. / Franklin, Nancy / Gordon, Ruthana: Diagnostic Error in Internal Medicine, in: Archives of Internal Medicine, Vol. 165, No. 13, 2005.

Kachler, Marco: Validation von Laborergebnissen, in: MTA Dialog; Vol. 9, 2006.

McDonald, Clement et al.: Sprechen Sie LOINC? In: HL7-Mitteilungen; Ausgabe 8, 2000.

Przywara, Bartosz: Projecting future health care expenditure at European level: drivers, methodology and main results, in: European Economy. Economic Papers 417, 2010.

Oh, Hans et al.: What is eHealth?: a systematic review of published definitions, in: Journal of Medical Internet Research, Vol. 41, No. 1, 2005.

Österreichischer Berufsverband der Dipl. med.-techn. AnalytikerInnen (ÖBV-MTA): Berufsprofil der/des diplomierten medizinisch-technischen Analytikerin medizinisch-technischen Analytikers, 2003.

Shojania, Kaveh G. et al.: Changes in Rates of Autopsy-Detected Diagnostic Errors Over Time – A Systematic Review, in: JAMA, Vol. 289, No. 21, 2003.

Sunyaev, Ali et al.: Integrationsarchitekturen für das Krankenhaus – Status quo und Zukunftsperspektiven, in: Information Management & Consulting, Vol. 21, No. 1, 2006, pp. 28-35.

Winter, Alfred: Wozu braucht ein Krankenhaus ein Krankenhaus-Informationssystem? In: Informatik, Biometrie und Epidemiologie in Medizin und Biologie, Band 29, 1998.

Sonstige Publikationen

CEN/ISSS e-Health Standardization Focus Group: Current and future standardization issues in the e-Health domain: Achieving interoperability, in: CEN/ISSS eHSFG Executive Summary final version, 2005.

Deutsche Bank Ressort: Telemedizin verbessert Patientenversorgung, in: Themen international, Aktuelle Themen 472, 2010.

Duftschmid, Georg / Dorda, Wolfgang / Gall, Walter: The ELGA initiative: A plan for implementing a nationwide electronic health records system in Austria, 2009.

ELGA Kernanwendungen: CDA Dokumente für das österreichische Gesundheitswesen – Implementierungsleitfaden, in: Leitfaden ELGA CDA Dokumente 1.00, 2009.

ELGA Kernanwendungen: CDA Laborbefund für das österreichische Gesundheitswesen – Addendum zum Implementierungsleitfaden „CDA Dokumente für das österreichische Gesundheitswesen", in: Leitfaden Addendum ELGA CDA Laborbefund Version 1.01, 2009.

Empfehlung der Kommission: Grenzübergreifenden Interoperabilität elektronischer Patientendatensysteme, in: Amtsblatt der Europäischen Union, Aktenzeichen K(2008) 3282, 2008/594/EG, 2008.

European Commission: Accelerating the development of the eHealth market in Europe, in: eHealth Taskforce report 2007, 2007.

Executive Order 13410: Promoting Quality and Efficient Health Care in Federal Government Administered or Sponsored Health Care Programs, in: Federal Register, Vol. 71, No. 166, 2006.

Experte 1: Experteninterview, Kremsmünster, 03.05.2011.

Experte 2: Experteninterview, Kremsmünster, 04.05.2011.

Experte 3: Experteninterview, Linz, 02.05.2011.

Experte 4: Experteninterview, Linz, 05.05.2011.

Experte 5: Experteninterview, Linz, 02.05.2011.

Experte 6: Experteninterview, Kremsmünster, 28.04.2011.

Experte 7: Experteninterview, Kremsmünster, 29.04.2011.

OASIS ebXML Joint Committee: The Framework for eBusiness, in: An OASIS White Paper, 2006.

Redaktionsteam ELGA CDA Labor: ELGA Beispieldokument für einen Klinisch-Chemischen Laborbefund, 2011.

Schaller, Tony: Was ist HL7? – Eine kurze Einführung in den Standard, in: Health Level Seven – Kommunikation im Gesundheitswesen, HL7 Benutzergruppe Schweiz, 2010.

Stroetmann, Karl A. et al.: European countries on their journey towards national eHealth infrastructures, in: Final European progress report, 2011.

UN/CEFACT: Core Components Technical Specification – Part 8 of the ebXML Framework, in: Core Components Technical Specification V2.01, 2003.

Verordnung der Bundesministerin für Gesundheit, Familie und Jugend: 451. Verordnung - Gesundheitstelematikverordnung, in: Bundesgesetzblatt für die Republik Österreich, 2008.

o.V.: Machbarkeitsstudie betreffend Einführung der elektronischen Gesundheitsakte (ELGA) im österreichischen Gesundheitswesen, in: Machbarkeitsstudie ELGA - IBM, 2006.

o.V.: ELGA Systemkomponenten und Masterplan: Konkretisierung der Systemkomponenten und Masterplans als Beitrag zur Programmplanung für die Arge ELGA, in: Ergebnisbericht ELGA – IBM, 2007.

o.V.: Grundsatzbeschluss zur Basisarchitektur für die Elektronische Gesundheitsakte (Auszug), in: Beschluss der Bundesgesundheitskommission zu ELGA, 2007.

o.V.: Blutabnahme – Röhrchen Abnahme und Scan, in: Kurzanleitung - Greiner Barcode System, 2011.

Artikel aus dem Web

Blanck, Nathalie: Die Anamnese – wichtiger Baustein in der medizinischen Diagnostik; 11/2009, online im WWW unter URL: http://www.gesundheit.de/medizin/untersuchungen/untersuchungsmethoden/die-anamnese-wichtiger-baustein-in-der-medizinischen-diagnostik [Stand: 13.03.2011].

Bultmann, Marion et al.: Datenschutz und Telemedizin – Anforderungen an Medizinnetze; 10/2002, online im WWW unter URL: http://www.datenschutz-bayern.de/verwaltung/DatenschutzTelemedizin.pdf [Stand: 16.04.2011].

Dogac Asuman et al.: Key Issues of Technical Interoperability Solutions in eHealth and the RIDE Project, online im WWW unter URL: http://www.ehealthnews.eu/images/stories/pdf/ride.pdf [Stand: 24.04.2011].

Eysenbach, Gunther: What is e-health? In: J Med Internet Res 2001;3(2):e20; 06/2001, online im WWW unter URL: http://www.jmir.org/2001/2/e20/ [Stand: 01.04.2011].

Felser, Roland: E-Health: ELGA nimmt Gestalt an; 02/2011, online im WWW unter URL: http://www.computerwelt.at/detailArticle.asp?a=132883&n=6 [Stand:28.03.2011].

Gibbons, Patricia et al.: Coming to Terms: Scoping Interoperability for Health Care; 02/2007, online im WWW unter URL: http://www.hln.com/assets/pdf/Coming-to-Terms-February-2007.pdf [Stand: 24.04.2011].

Gesundheitsportal – Bundesministerium für Gesundheit: Über uns; 01/2011, online im WWW unter URL: https://www.gesundheit.gv.at/Portal.Node/ghp/public/content/Ueber_uns_LN.html [Stand: 13.04.2011].

Gordon, Caldwell: Diagnostic errors ´greatest threat to patient safety in hospitals, ´claims senior UK Doctor; 09/2010, online im WWW unter URL: http://www.sciencedaily.com/releases/2010/09/100909193404.htm [Stand: 09.03.2011].

Hammer, Mark: Kritische Stimmen ernst nehmen; 04/2010, online im WWW unter URL: http://www.medical-tribune.at/dynasite.cfm?dsmid=104128&dspaid=870791 [Stand: 24.05.2011].

Heitmann, Kai: Zusammenfassung zur Clinical Document Architecture (CDA); 03/2001, online im WWW unter URL: http://sciphox.hl7.de/atwork/cda/ZusammenfassungCDA.pdf [Stand: 30.04.2011].

Klöwer, Ralph: Mit integrierten Informationssystemen die Kostenrisiken im Klinikmanagement beherrschen; 09/2008, online im WWW unter URL: http://www.firmenpresse.de/pressinfo58458.html [Stand: 07.03.2011].

Lang, Franz Peter: E-Business im Gesundheitswesen - Vorbemerkungen zu e-Health: Vision, Realität, Hemmnisse; 09/2003, online im WWW unter URL: https://www.bdvb.de/portalbuilder/mediadatabase/bdvb-special_4.pdf [Stand: 15.03.2011].

Lindner, Jan-Eric: Experten warnen: „Patientendaten in Gefahr"; 06/2009, online im WWW unter URL: http://www.abendblatt.de/hamburg/article1037100/Experten-warnen-Patientendaten-in-Gefahr.html [Stand: 15.03.2011].

Pfeiffer, Karl P.: Empfehlung für eine österreichische e-Health Strategie. Eine Informations- und Kommunikationsstrategie für ein modernes österreichisches Gesundheitswesen; 01/2007, online im WWW unter URL: http://www.i-med.ac.at/msig/service/oeehealth_strategie.pdf [Stand: 10.04.2011].

Schröder, Erich: Medizinische Grundbegriffe und notwendiges medizinisches Basiswissen; 11/2008, online im WWW unter URL: http://pr-healthcare.de/uploads/ArztundRecht/MedizinischeGrundbegriffe.pdf [Stand: 13.03.2011].

Spielberg, Petra: Grenzüberschreitende Gesundheitsversorgung: Künftig freie Arztwahl in der EU; 01/2011, online im WWW unter URL: http://www.aerzteblatt.de/v4/ archiv/artikel.asp?src=heft&id=80141 [Stand: 14.03.2011].

Tsong-Ho, Wu: eHealth Priority Areas in USA (National HIT and NIH Initiatives); 06/2009, online im WWW unter URL: http://cms.comsoc.org/SiteGen/Uploads/Public/ Docs_e_Health/5-MAN-ICC09-Panel-Wu-USA-06142009.pdf [Stand: 14.04.2011].

Waegemann, Peter C.: Status Report 2002: Electronic Health Records; online im WWW unter URL: http://www.nasbhc.org/atf/cf/%7BCD9949F2-2761-42FB-BC7A-CEE165C701D9%7D/TA_HIT_what%20is%20an%20emr.pdf [Stand: 09.04.2011].

Wolschann, Alex: Wahre ELGA-Kosten werden verschleiert; 04/2011, online im WWW unter URL: http://www.computerwelt.at/detailArticle.asp?a=133893&n=6 [Stand: 05.05.2011].

o.V.: Megatrends; 2008, online im WWW unter URL: http://www.z-punkt.de/fileadmin/be_user/D_Publikationen/D_Arbeitspapiere/Die_20_wichtigsten_Megatrends_x.pdf [Stand: 14.03.2011].

o.V.: Gesundheitsausgaben in Österreich; 03/2011, online im WWW unter URL: http://www.statistik.at/web_de/statistiken/gesundheit/gesundheitsausgaben/index.html [Stand: 14.03.2011].

o.V.: Der Laborbefund; 01/2011, online im WWW unter URL: https://www.gesundheit.gv.at/Portal.Node/ghp/public/content/Befund_01_Der_Laborbefund_HK.html [Stand: 14.03.2011].

o.V.: OECD Health Data 2010 – Frequently Requested Data; 06/2010, online im WWW unter URL: http://www.irdes.fr/EcoSante/DownLoad/OECDHealthData_Frequently RequestedData.xls [Stand: 15.03.2011].

o.V.: Der Kostenanstieg; online im WWW unter URL: http://www.krankenkasse-guide.de/gesetzliche_krankenkasse/kostenanstieg.htm [Stand: 15.03.2011].

o.V.: National representatives share eHealth drive; 05/2008, online im WWW unter URL: http://ec.europa.eu/information_society/activities/health/policy/i2010subgroup/index_en.htm [Stand: 15.03.2011].

o.V.: Der Befund – Vereinheitlichung von Laborbezeichnungen; 01/2011, online im WWW unter URL: https://www.gesundheit.gv.at/Portal.Node/ghp/public/content/ Befund_03_Vereinheitlichte_Bezeichnungen_LOINC_HK.html [Stand: 19.03.2011].

o.V.: EHealth – Policy, online im WWW unter URL: http://ec.europa.eu/health/ehealth/policy/index_en.htm [Stand: 20.03.2011].

o.V.: Gesundheit in allen Politikbereichen, online im WWW unter URL: http://ec.europa.eu/health/health_policies/health_in_eu_initiatives/index_de.htm [Stand: 20.03.2011].

o.V.: eEurope 2005 – e-Health, online im WWW unter URL: http://ec.europa.eu/information_society/eeurope/2005/all_about/ehealth/index_en.htm [Stand: 20.03.2011].

o.V.: European broadband: investing in digitally driven growth, online im WWW unter URL: http://ec.europa.eu/information_society/activities/broadband/index_en.htm [Stand: 21.03.2011].

o.V.: Europe´s Digital Agenda, online im WWW unter URL: http://ec.europa.eu/information_society/digital-agenda/index_en.htm [Stand: 23.03.2011].

o.V.: E-Health – elektronische Gesundheitsdienste, online im WWW unter URL: http://www.euractiv.com/de/e-health-elektronische-gesundheitdienste-de-linksdossier-188995 [Stand: 23.03.2011].

o.V.: Elektronische Gesundheitsdienste – eine bessere Gesundheitsfürsorge für Europas Bürger: Aktionsplan für einen europäischen Raum der elektronischen Gesundheitsdienste, online im WWW unter URL: http://ec.europa.eu/information_society/doc/qualif/health/COM_2004_0356_F_DE_ACTE.pdf [Stand: 23.03.2011].

o.V.: OECD Health Data - Current health expenditure by function of health care 2008; 09/2010, online im WWW unter URL: http://dx.doi.org/10.1787/888932337433 [Stand: 19.03.2011].

o.V.: ecard, online im WWW unter URL: http://www.chipkarte.at [Stand: 25.03.2011].

o.V.: STRING-Kommission, online im WWW unter URL: http://www.bmg.gv.at/home/Schwerpunkte/E_Health/E_Health_in_Oesterreich/STRING_Kommission [Stand: 26.03.2011].

o.V.: EHR-Implement – National policies for EHR implementation in the European area: social and organizational issues, online im WWW unter URL: http://www.ehr-implement.eu/ [Stand: 26.03.2011].

o.V.: EKVK - Europäische Krankenversicherungskarte, online im WWW unter URL: http://www.chipkarte.at/portal27/portal/ecardportal/channel_content/cmsWindow?action=2&p_menuid=51922&p_tabid=4 [Stand: 26.03.2011].

o.V.: cobas® 6000 analyzer series, online im WWW unter URL: http://cobas.com/SiteCollectionImages/System%20Components/cobas%206000.jpg [Stand: 29.03.2011].

o.V.: Die Ziele von ELGA: Innovation und integrierte Versorgung, online im WWW unter URL: www.sozialversicherung.at/.../MMDB122431_Philippi_ELGA3_inkl_bilder.pdf [Stand: 15.03.2011].

o.V.: Start für Gesundheitsprojekt E-Medikation; 04/2011, online im WWW unter URL: http://ooe.orf.at/stories/507797/ [Stand: 02.04.2011].

o.V.: Empfehlung der der Kommission vom 02. Juli 2008 zur grenzübergreifenden Interoperabilität elektronischer Patientendatensysteme; 07/2008, online im WWW unter URL: http://eur-lex.europa.eu/LexUriServ/LexUriServ.do?uri=OJ:L:2008:190:0037:0043:DE:PDF [Stand: 10.04.2011].

o.V.: The right prescription for Europe´s eHealth; 10/2010, online im WWW unter URL: http://ec.europa.eu/information_society/activities/health/policy/index_en.htm [Stand: 10.04.2011].

o.V.: Elektronische Gesundheitsakte (ELGA) – die erste Umsetzungsphase, online im WWW unter URL: http://www.bmg.gv.at/home/Schwerpunkte/E_Health/ELGA_Die_ Elektroni-sche_Gesundheitsakte/Elektronische_Gesundheitsakte_ELGA_die_erste _Umsetzungsphase [Stand: 10.04.2011].

o.V.: ARGE ELGA – Vereinbarung zwischen Bund, Ländern und den Sozialversicherungen gem. Art. 15a B-VG, 2006; 2006, online im WWW unter URL: http://www.elga.gv.at/fileadmin/user_upload/uploads/download_Papers/Arge_P apers/Vereinbarung_ARGE_ELGA_ohne_Unterschriften.pdf [Stand: 10.04.2011].

o.V.: ELGA GmbH, online im WWW unter URL: http://www.elga.gv.at/index.php?id=33 [Stand: 10.04.2011].

o.V.: Pennsylvania Department of Public Welfare Office of Medical Assistance Programs – Health Information Technology (HIT) Initiative / Electronic Health Record (EHR) Incentive Program; 01/2011, online im WWW unter URL: http://www.dpw.state.pa.us/ucmprd/groups/webcontent/documents/presentation/ p_003929.pdf [Stand: 14.04.2011].

o.V.: U.S. Department of Health & Human Services – ONC Initiatives; 02/2010, online im WWW unter URL: http://healthit.hhs.gov/portal/server.pt/community/ healthit_hhs_gov__onc_initiatives/1497 [Stand: 14.04.2011].

o.V.: ELGA Projekte der Detailplanungsphase (2007-2008), online im WWW unter URL: http://www.elga.gv.at/index.php?id=13 [Stand: 15.04.2011].

o.V.: Gesundheitstelematikgesetz – Stammfassung, online im WWW unter URL: http://www.bmg.gv.at/home/Schwerpunkte/E_Health/Rechtsrahmen/Gesundheit stelematikgesetz_Stammfassung [Stand: 17.04.2011].

o.V.: Schutz von Patientendaten ab 2009 verpflichtend; 12/2008, online im WWW unter URL: http://www.pressetext.at/news/081203005/schutz-von-patientendaten-ab-2009-verpflichtend/ [Stand: 17.04.2011].

o.V.: Richtlinie 95/46/EG des Europäischen Parlaments und des Rates vom 24. Oktober 1995 zum Schutz natürlicher Personen bei der Verarbeitung personenbezogener Daten und zum freien Datenverkehr, online im WWW unter URL: http://eur-lex.europa.eu/LexUriServ/LexUriServ.do?uri=CELEX:31995L0046:DE:HTML [Stand: 20.04.2011].

o.V.: ELGA-Gesetz: Begutachtungsentwurf des Gesundheitstelematikgesetzes (GTelG) 2011, online im WWW unter URL: http://www.bmg.gv.at/home/Schwerpunkte/E_Health/Rechtsrahmen/ELGA_Gesetz_Begutachtungsentwurf_des_Gesundheitstelematikgesetzes_GTelG_2011 [Stand: 20.04.2011].

o.V.: eHealth: Vereinbarung zwischen EU und USA für gemeinsame Agenda; 12/2010, online im WWW unter URL: http://www.e-health-com.eu/details-news/ehealth-vereinbarung-zwischen-eu-und-usa-fuer-gemeinsame-agenda/ [Stand: 23.04.2011].

o.V.: Was ist epSOS? Online im WWW unter URL: http://www.epsos.eu/austria/was-ist-epsos.html [Stand: 23.04.2011].

o.V.: ISO 13606-1:2008: Health informatics – Electronic health record communication – Part 1: Reference Model, online im WWW unter URL: http://www.iso.org/iso/catalogue_detail.htm?csnumber=40784 [Stand: 30.04.2011].

o.V.: ISO 13606-2:2008: Health informatics – Electronic health record communication – Part 2: Archetype interchange specification, online im WWW unter URL: http://www.iso.org/iso/catalogue_detail.htm?csnumber=50119 [Stand: 30.04.2011].

o.V.: ISO 13606-3:2009: Health informatics – Electronic health record communication – Part 3: Reference Archetypes and term lists, online im WWW unter URL: http://www.iso.org/iso/catalogue_detail.htm?csnumber=50120 [Stand: 30.04.2011].

o.V.: ISO 13606-4:2008: Health informatics – Electronic health record communication – Part 4: Security, online im WWW unter URL: http://www.iso.org/iso/catalogue_detail.htm?csnumber=50121 [Stand: 30.04.2011].

o.V.: ISO 13606-5:2008: Health informatics – Electronic health record communication – Part 5: Interface specification, online im WWW unter URL: http://www.iso.org/iso/catalogue_detail.htm?csnumber=50122 [Stand: 30.04.2011].

o.V.: HL7 Glossar, online im WWW unter URL: http://www.hl7.at/index.php?option=com_rd_glossary&Itemid=8&limit=25&limitstart=25 [Stand: 30.04.2011].

o.V.: HL7 Reference Information Model; 04/2011, online im WWW unter URL: http://www.hl7.org/v3ballot/html/infrastructure/rim/rim.html [Stand: 30.04.2011].

o.V.: Information and Useful Resources on HL7 CDA, online im WWW unter URL: http://www.hl7cda.com/ [Stand: 01.05.2011].

o.V.: IHE General fact sheet – Frequently Asked Questions in German; 04/2009, online im WWW unter URL: http://www.ihe-europe.net/drupal/sites/default/files/IHE_Basics_GE.pdf [Stand: 01.05.2011].

o.V.: IHE Integration Profiles, online im WWW unter URL: http://wiki.ihe.net/index.php?title=Profiles [Stand: 01.05.2011].

o.V.: UN/CEFACT – About us, online im WWW unter URL: http://www.unece.org/cefact/about.htm [Stand: 01.05.2011].

o.V.: Technisches Framework und Standards im Gesundheitswesen, online im WWW unter URL: http://www.bmg.gv.at/home/Schwerpunkte/E_Health/ELGA_Die_Elektronische_Gesundheitsakte/Technisches_Framework_und_Standards_im_Gesundheitswesen [Stand: 01.05.2011].

o.V.: ELGA als Wegbereiter zur Automatenmedizin, online im WWW unter URL: http://www2.argedaten.at/php/cms_monitor.php?q=PUB-TEXT-ARGEDATEN&s=15337wlg [Stand: 05.05.2011].

o.V.: The openEHR Foundation, online im WWW unter URL: http://www.openehr.org/about/foundation.html [Stand: 05.05.2011].

o.V.: HL7 (health level seven), online im WWW unter URL: http://www.itwissen.info/definition/lexikon/health-level-seven-HL7.html [Stand: 05.05.2011].

o.V.: Harmonisierungsarbeit für medizinische Dokumente, online im WWW unter URL: http://www.elga.gv.at/index.php?id=29 [Stand: 17.05.2011].

o.V.: Kommission gemäß § 8 Bundesministeriengesetz „Standards und Richtlinien für den Informatikeinsatz im österreichischen Gesundheitswesen (STRING)": Kurzinformation, online im WWW unter URL: http://www.meduniwien.ac.at/msi/mias/STRING/Kurzin.html [Stand: 23.05.2011]

Anhang - Transkribierte Experteninterviews

Experteninterview 1 – Experte 1

Wo entstehen bei der Übertragung von Labordaten (Daten der Analytik) die meisten Fehler bzw. Probleme?

Aus meiner Sicht existieren in diesem Bereich wenige Probleme. Die Dinge sind etabliert und funktionieren. Ich sehe keine größeren Probleme, bis auf die Abstimmungsproblematik mit den Parametern und auch mit Patienten-IDs, AZ etc. in Bezug auf die transmurale Datenübertragung. Die Datenbestände müssen bei Veränderungen der Parameter beiderseits (intramural, transmural) konsistent gemacht werden.

Die Problematik der Probenzuteilung hat sich in den vergangen Jahren durch elektronische Anforderungen bzw. durch Einsatz günstigerer Etikettendrucker etwas eingestellt, da heutzutage die Nummer des Laborauftrags auf die Probengefäße in Form eines Etiketts geklebt wird. Im Labor muss das ankommende Röhrchen nur eingescannt werden und wird dann automatisch zum entsprechenden Laborauftrag zugeordnet. Dies hat sicher zur Qualität und Effektivität beigetragen.

Wo entstehen Probleme bei der elektronischen Übertragung zwischen Krankenhausinformationssystemen? Stichwörter: Daten / Prozesse und Organisation / Akzeptanz seitens Anwender / Krankenhausinformationssysteme

Es gibt einen riesigen Raum an Problemen. Wir sprechen hier natürlich auch das Thema ELGA an, die elektronische Gesundheitsakte. Diese ist teilweise in der Pilotphase, stellt aber natürlich auch ein wichtiges Thema dar. Es gibt viele Herausforderungen in diesem Bereich. Auf der einen Seite müssen Standards definiert werden, um dann auch detaillierte Daten austauschen zu können. Es gibt bereits allgemeine Standards die international etabliert sind. Ich spreche hier jetzt die IHE Standards an, welche auch für ELGA zum Thema werden. Die aktuelle Umsetzung zeigt jedoch, dass diese Standards von manchen Anbietern nicht ganz exakt umgesetzt werden bzw. diese nicht ganz exakt definiert sind. Dies führt wiederum zu Interpretationsspielraum und Inkompatibilitäten. Für die Austestung dieser Standards gibt es die Connectathons, die einen sehr guten Eindruck machen. Trotzdem entsteht auch der Verdacht, dass diese auch nicht adäquat sind.

Wenn man sich nun den Fortschritt der ELGA Entwicklung ansieht bzw. die Entwicklung der Gesundheitsakten im europäischen Bereich, dann sind wir doch einige Jahre im Verzug. Wenn man sich nun neben den technischen und politischen Aspekten auch die organisatorischen Gesichtspunkte vor Augen führt, wird klar, dass die Umsetzung schwierig ist. Weiters lockt der Datenaustausch zwischen Krankenanstalten und allgemein ELGA natürlich die Datenschützer an und es gibt noch viele weitere Aspekte, die geregelt werden müssen. Aufgrund der betroffenen Informationen und Dokumente kein einfaches Thema. Da nun aber alles elektronifiziert bzw. einen offiziellen Status erhält, wird mit viel Staub aufgewirbelt. Hierzu kommen noch die geschäftspolitische Interessen.

Ein Beispiel wäre hier die E-Medikation, welche seit 01.04 im Pilotbetrieb läuft. Seitens der Apotheker gibt es beispielsweise Bedenken, dass Generika verschrieben werden, welche keiner optimalen Behandlung entsprechen bzw. dass es zu Umsatzeinbußen kommen kann. Die Transparenz kann in diesem Fall Eigeninteressen verletzen.

Weiters gibt es noch die organisatorische Dimension. Wenn nun GDA miteinander auf strukturierter elektronischer Basis kommunizieren, hat dies natürlich auch Abstimmungseffekte. D.h., Prozesse müssen über UN-Grenzen hinweg aufeinander abgestimmt werden. Dies bedeutet einen gewissen Abstimmungsaufwand, welcher nicht unterschätzt werden darf. Die Frage ist, ob die Menschen die Zeit haben, die organisatorischen Änderungen umzusetzen, weil diese damit vom Routine- bzw. Tagesgeschäft aufgehalten werden. Daran besteht wenig Interesse, wenn die Vorteile nicht unmittelbar spürbar sind.

Sehen Sie technische und organisatorische Möglichkeiten diese Fehler/Probleme zu reduzieren bzw. zu vermeiden?

Ja, es wird eine gewisse Zeit dauern und wenn man daran weiterarbeitet, wird es irgendwann auch funktionieren. Aber es sind eben viele Details zu lösen und hierbei geht es auch darum, dass die beteiligten Anbieter nicht untergehen, zumal die Entwicklung für die Daten-kommunikation sehr viel Geld kostet. Es müssen auch sämtliche GDA motiviert bleiben bzw. die Patienten müssen eine kooperative Rolle einnehmen.

Wie kann E-Health bei der Reduzierung bzw. Vermeidung dieser Probleme unterstützen? *Stichwörter: Interoperabilität der IT-Systeme / Datenschutz und Datensicherheit /Standards der Datenübertragung*

Die Labore benötigen eigentlich kein ELGA, da der Befunddatenaustausch auf Basis von EDIFACT seit Jahren sehr effektiv läuft und laufend mehr Verbreitung findet. Dies hat zu deutlichen Qualitäts- und Effektivitätsverbesserung in den Labors geführt. Ich kann daher kein wirkliches Verbesserungspotential für die Labore durch ELGA in Bezug auf den Befundaustausch finden. Der einzige Unterschied ist das Pullprinzip. Bei EDIFACT arbeitet man nach dem Push-Prinzip, d.h. sobald der Befund da ist, schickt das Labor den Befund zum Anforderer. Bei ELGA arbeitet man nach dem Pull-Prinzip. Der Anforderer müsste die Laborparameter auf eigene Initiative vom entsprechenden Labor abfragen. Das Labor hätte auch mit EDIFACT und somit auch ohne ELGA keine Fehler bei der Auftragserfassung, da die Daten elektronisch eintreffen. Sie hätten keinen Aufwand durch das Ausdrucken der Laborbefunde, kuvertieren der Befunde, Postmarken, etc. Dies wirkt sich bei zig Tausenden Befunden natürlich finanziell aus.

Wie könnte eine elektronische Datenübertragung von Labordaten zwischen Krankenhausinformationssystemen gestaltet werden, um Fehler zu reduzieren und was sind kritische Erfolgsfaktoren um dies umzusetzen?

EDIFACT wäre eine Möglichkeit, aber ich habe zu wenige Details um das fachlich richtig deuten zu können. In Bezug auf XML sehe ich beispielsweise auch keine wirklichen Vorteile für die Kommunikation von Labordaten. Hinzu kommt, dass eine Umstellung gewisse Änderungsaufwände mit sich bringt und die beteiligten Organisationen sich die Frage stellen werden, warum etwas geändert werden soll, wenn es funktioniert.

Experteninterview 2 – Experte 2

Wo entstehen bei der Übertragung von Labordaten (Daten der Analytik) die meisten Fehler bzw. Probleme?

Es wurde auf die Informationen des Experten 6 verwiesen.

Wo entstehen Probleme bei der elektronischen Übertragung zwischen Krankenhausinformationssystemen? Stichwörter: Daten / Prozesse und Organisation / Akzeptanz seitens Anwender / Krankenhausinformationssysteme

Es wurde auf die Informationen des Experten 6 verwiesen.

Sehen Sie technische und organisatorische Möglichkeiten diese Fehler/Probleme zu reduzieren bzw. zu vermeiden?

Es wurde auf die Informationen des Experten 6 verwiesen.

Wie kann E-Health bei der Reduzierung bzw. Vermeidung dieser Probleme unterstützen? Stichwörter: Interoperabilität der IT-Systeme / Datenschutz und Datensicherheit /Standards der Datenübertragung

Ich sehe den Mehrwert den ELGA bringt insbesondere darin, dass wir von Push auf Pull wechseln. Wenn man heute zum niedergelassenen Arzt geht, bspw. im Rahmen einer Gesundenuntersuchung, so nimmt dieser eine Blutprobe und schickt sie an ein Labor. Das Labor schickt es dem Arzt mit einem entsprechenden Befund zurück. Mit der elektronischen Gesundheitsakte wird dieser elektronische Befund in die ELGA eingestellt. Nicht nur der behandelnde Arzt hat dann darauf Zugriff sondern auch der Patient selbst kann über das Portal www.gesundheit.gv.at Einsicht nehmen. Momentan wird spezifiziert wie es nach einem Log-In dahinter weitergeht. Im Gesetzesentwurf sind hierfür bereits 3 Patientenrechte formuliert:

Die eigenen Daten zu sehen, bspw. Laborbefund, Entlassungsbriefe, Radiologiebefund, die Medikationsdaten etc. und an weiterem wird gearbeitet. Das zweite Patientenrecht handelt von der Steuerung der Berechtigungen, sprich das Opt Out wahrzunehmen oder auch Befunde auszublenden, wenn man nicht möchte, dass jemand Einsicht nehmen kann. Wenn man nun eine zweite Meinung einholen will, könnte man den Befund ausblenden. Das dritte Patientenrecht bezieht sich darauf Protokolldaten einsehen zu können. Wer hat sich wann, welchen Befund von mir angesehen. Im Rahmen dieser

Patientenrechte, welche über das Portal und für die nicht IT-affinen Personen über sogenannte Servicestellen zur Verfügung gestellt werden, hat der Patient erstmals die Möglichkeit, die ihn betreffenden Daten selbst zu sehen. Dies ist ein mit ELGA konkreter Mehrwert. Und natürlich auch die Befunde, wenn man zu einem anderen Arzt geht, dass dieser genauso elektronisch Zugriff auf die Informationen hat und nicht nur jene Person, welche die Blutuntersuchung beauftragt hat.

Wie könnte eine elektronische Datenübertragung von Labordaten zwischen Krankenhausinformationssystemen gestaltet werden, um Fehler zu reduzieren und was sind kritische Erfolgsfaktoren um dies umzusetzen?

ELGA wünscht sich die integrierten Lösungen aus dem KIS oder der Arztsoftware heraus. Es soll auch eine Fall-Back-Lösung über das Portal geben. Ein GDA kann sich damit auch über das Portal einloggen und hat auf diesem Weg zum Patienten und dessen Befunden Zugriff. Natürlich ist eine gesicherte Authentifizierung immer Voraussetzung. Dies funktioniert beim Portal über die Bürgerkarten-Infrastruktur. Es kann eine Bürgerkarte mit Lesegerät oder ein Bürgerkarten Handy sein. Es wird hier nichts Neues erfunden, man übernimmt die Möglichkeiten der Bürgerkarten-Infrastruktur, wie dies beispielsweise auch bei Finanz-Online verwendet wird. Wir befinden uns dabei in einer 3-stufigen Architektur.

Es gibt zentrale Komponenten wie den zentralen Patienten-Index, der gesicherte demografische Daten zur Person beinhaltet und weiß, wo Daten zum Patienten gespeichert sind. Es gibt den Gesundheitsdiensteanbieter-Index, der alle GDA und deren Rollen (Arzt, Apotheke, etc.), welche überhaupt Zugang zu ELGA bekommen, kennt. Es beginnt mit Ärzten, Apothekern, Krankenanstalten und Pflegeeinrichtungen. Wie es dann weitergeht, wenn auch bspw. Hebammen für bestimmte Dokumententypen Zugriff bekommen sollen, ist in Diskussion. Weiters gibt es das zentrale Berechtigungssystem und das Protokollierungssystem. Darüber liegt das bereits erwähnte Portal mit Zugangsmöglichkeiten für die Patienten, um deren Rechte wahrzunehmen zu können und als Fall-Back Lösung für den GDA.

Gewünscht wird die integrierte Lösung!

Es geht aber darunter weiter. Die eigentlichen ELGA Daten liegen in sogenannten Affinity Domains. Das sind Datenspeicher, wo davon ausgegangen wird, dass kleiner gleich 20 in Österreich davon entstehen. Die Datenprovider sind hier in erster Linie die

Krankenanstaltenverbünde. Einige Affinity Domains gibt es ja bereits. Es gibt ein Gesundheitsnetz Tirol, es gibt die von der GESPAG betriebene Gesundheitsplattform Oberösterreich und auch die Vinzenz-Gruppe hat eine Affinity Domain aufgebaut. Das KH Wels-Grieskirchen, Niederösterreich und Wien haben ebenfalls bereits eine Affinity Domain. Zum Teil befindet sich diese in Produktion, zum Teil in einer Pilotstellung, zum Teil als Testinstallation. Andere Bundesländer arbeiten noch daran. Die Sozialversicherung ist auch gerade in der Konzeptionsphase und für den niedergelassenen Bereich gibt es Diskussionen, wo deren Daten eingestellt werden. Denn es ist nicht geplant, dass bei einem Befund aus dem niedergelassenen Bereich, direkt in eine Arztsoftware eingegriffen wird. Die Daten hätten keine Verfügbarkeit, wie wir uns das für ELGA vorstellen. Wenn der Arzt beispielsweise am Abend seine Ordination schließt und das System herunterfährt, dann würden die Daten nicht 7 x 24 verfügbar sein. Es geht darum, für ELGA relevante Befunde auch in einen entsprechend verfügbaren Datenspeicher einzubringen. Über die Affinity Domain geht es dann auch über die IHE Kommunikation weiter zu den anderen Affinity Domains und zu den zentralen Komponenten.

Heute funktioniert die Übertragung von Labordaten gerichtet, es geht ein Antrag auf Untersuchung von einem KIS an ein anderes und es kommt der elektronische Befund retour. Punkt zu Punkt. Vom anfordernden Arzt oder von der anfordernden Abteilung des Krankenhauses an denjenigen, der die Untersuchung durchführt und wieder genau dorthin zurück. Ansonsten sieht das niemand. Der Unterschied bei ELGA ist der, dass jene Person, welche die Untersuchung durchführt und den Befund erstellt, dies in ELGA einstellt und alle, die aktuell oder künftig diesen Patienten behandeln, Zugriff auf dieses Dokument haben. Das ist der wesentliche Unterschied.

Wir arbeiten gerade an der Weiterentwicklung von CDAs für Entlassungsbrief (ärztlich und pflegerisch), Labor und Radiologie mit den Redaktionsteams, bestehend aus relevanten Ärzten bis hin zu SW-Herstellern, um die Inhalte und deren Struktur zu diskutieren und weiterzuentwickeln. Order Management ist aber im ersten Schritt in ELGA noch nicht abgebildet. Schritt 1 in ELGA ist das Einstellen von Befunden und es handelt sich hierbei um eine Dokumentensammlung zu Patienten plus die Medikationsdaten. In weiterer Folge sind dann auch die Patientenverfügungen über ELGA abrufbar. Wir reden heute schon von einem Konzept für einen Impfpass. Die Daten werden also mehr und ein sogenannter „CDA-Masterplan" befindet sich gerade in Ausarbeitung.

Wenn ich heute eine Anforderung für ein Labor habe, dann muss ich auch die Blutprobe dorthin schicken. Und wenn ich bspw. elektronisch begleitend eine Anforderung dorthin schicke, dann wird dies nicht über ELGA erfolgen, sondern erst das Einstellen des Befundes. Dies kommt vielleicht in einer weiteren Ausbaustufe, aber zum Beginn wird das noch nicht der Fall sein.

Für ELGA sind 2 Standards gesetzt. Einmal IHE und zweitens HL7 CDA. D.h., alle Dokumente müssen grundsätzlich alle Anforderungen auf CDA Level 1 erfüllen. Wir brauchen einen normierten Dokumententyp und wir brauchen normierte Metadaten damit sie über IHE entsprechend ansprechbar sind und insb. das Berechtigungssystem greifen kann. Bestimmte Rollen dürfen nur bestimmte Daten bzw. Dokumententypen sehen. Es wird dann mit Expertenteams zum jeweiligen Fachbereich die Level 2 und 3 spezifiziert. Aktuell werden gerade die CDAs für einen Entlassungsbrief ärztlich und pflegerisch für Labor und Radiologie überarbeitet. Die sollen in weiterer Folge auf Basis des ELGA-Gesetzes per Verordnung des Bundesministers für Gesundheit auch verbindlich gemacht werden. Natürlich mit entsprechenden Übergangsfristen. Darin befindet sich beispielsweise die Information, dass Labore ein CDA Level 3 bis zum Datum XY verbindlich einzustellen haben. Das bildet die Basis für die Change Requests in Richtung Softwarehersteller, welche die Möglichkeit des CDA Level 3 zur Verfügung stellen müssen. Falls E-Ordering irgendwann kommt, spricht man von einem Horizont von einigen Jahren. Dann soll dies natürlich auch über die IHE Lösungen laufen.

Die Medizinsoftwarehersteller gehen immer mehr in Richtung entscheidungsunterstützender Systeme und die funktionieren natürlich umso besser, je mehr Daten in strukturierter Form zur Verfügung stehen. Da hilft natürlich auch wieder CDA Level 3 für mehr Themenbereiche. Im Labor ist es verhältnismäßig einfach die entsprechenden Laborparameter zu kodieren. Und wenn nun auch von unterschiedlichen Laborinstituten oder unterschiedlichen Institutionen künftig in Form des CDA Level 3 die Befunde eingestellt werden, dann sind diese, in welchem System auch immer, auf Item – Ebene auslesbar und rückintegrierbar in ein lokales System. Sie können dort mit entscheidungs-unterstützenden Systemen weiter verbunden werden. Dies ist der große Vorteil einer höheren Datenstrukturqualität. Nur um den Laborbefund mit Erläuterungen entsprechend anzuzeigen und ausdrucken zu können, wird nicht mehr als Level 1 benötigt. Alles was darüber hinausgeht, dient der Maschine/Maschine Kommunikation.

Experteninterview 3 – Experte 3

Wo entstehen bei der Übertragung von Labordaten (Daten der Analytik) die meisten Fehler bzw. Probleme?

Die meisten Fehler bei der Übertragung von Labordaten entstehen dort, wo noch manuell übertragen werden muss. D.h. wo keine direkte elektronische Übertragung stattfindet, sondern wo Mitarbeiter und Mitarbeiterinnen Laborwerte manuell eingeben müssen. Das ist natürlich die größte Fehlerquelle. Es passiert aber genauso dort, wo eine elektronische Übertragung von Labordaten stattfindet, durch Programmierfehler oder durch das Programm bzw. die Software an sich. Es kann also sein, dass die Daten falsch erkannt oder überhaupt nicht übertragen werden. Also Schnittstellenprobleme. Man muss unterscheiden, um welchen Fehler es sich handelt: werden Labordaten gar nicht oder zeitlich zu spät übertragen oder es ein wird ein falsches Ergebnis übertragen. Dies wäre der Worst case! Also syntaktische oder semantische Probleme. Es kann auch die Umwandlung eines Ergebnisses oder die Berechnung eines Ergebnisses dazu führen, dass ein falsches Ergebnis übertragen wird.

Aber grundsätzlich ist das größte Problem dort, wo es eine manuelle Übertragung gibt. Wo Schnittstellen vorhanden sind und der Mensch eingreift!

Wo entstehen Probleme bei der elektronischen Übertragung zwischen Krankenhausinformationssystemen? Stichwörter: Daten / Prozesse und Organisation / Akzeptanz seitens Anwender / Krankenhausinformationssysteme

Dieses Problem haben wir im aktuellen Alltag mehr oder weniger. Es beginnt damit, dass wir unterschiedliche KIS Versionen in den Krankenhäusern der Region bzw. überregional haben, die eigentlich kompatibel sein sollten. Aber man muss hier unterscheiden, dass die Labordaten in einem Labordateninformationssystem (LIS) und einem KIS bearbeiten werden. Jedes Haus hat ein bestimmtes LIS, das in ein bestimmtes KIS überträgt, wobei der Anforderer zumeist mit einem Krankenhausinformationssystem arbeitet.

Wenn jetzt die Übertragung zwischen zwei Krankenhäusern mit unterschiedlichen KIS stattfindet, stellt sich zu Beginn die Frage, werden die Daten zwischen den zwei KIS übertragen oder den zwei LIS übertragen oder zwischen LIS und KIS übertragen. Man kann sich nun vorstellen, dass beispielsweise bei 4 verschiedenen Systemen, zwei jeweils in einem Krankenhaus, die Kompatibilität oft nicht gegeben ist und hier meistens Probleme entstehen. Es kommt noch dazu, dass natürlich die Parameter und der Befund standardisiert vorliegen müssen, damit diese Daten dort eingespielt werden können, wo sie benötigt werden und hinkommen müssen. Das Hauptproblem hier ist vor allem die fehlende Kompatibilität zwischen den Systemen! Daten müssen elektronisch transformiert werden und es stellt sich hierbei die Frage, ob das andere System zu einer Entschlüsselung der Daten fähig ist. Die Schnittstellen sind ja standardisiert, aber die Verschlüsselung und Entschlüsselung bzw. dass auch die Darstellung des Befundes wieder im System des Anforderer als Befund abgebildet wird, das ist unser aktuelles Problem.

In Bezug auf die Akzeptanz der Anwender muss man grundsätzlich unterscheiden zwischen, jenen die im Labor arbeiten und dort Befunde erstellen und den Anforderern, also den klinisch arbeitenden Ärzten. Und dann noch Anforderer was das ganze EDV System betrifft. Diese drei Gruppen würde ich unterscheiden. Und hier haben die ersten zwei Gruppen, die Anforderer und jene die im Labor arbeiten, sicherlich eine hohe Akzeptanz. Das ist ein Wunschdenken das endlich hinzukriegen und wir arbeiten auch dementsprechend dran.

Es scheitert hier in erster Linie an der EDV Soft- und Hardware und auch dem Zugang zu dem Ganzen. Es fehlt an der Motivation hier wirklich eine Lösung finden zu wollen und an der Kommunikation zwischen den verschiedenen Häusern was die EDV betrifft. Denn technisch müsste es schon längst möglich sein.

Das Ziel ist, Schwerpunkte zu setzen und die Informationen zusammenzuführen. Es macht keinen Sinn Laborwerte doppelt und dreifach zu machen. In unserem Fall machen wir Großteils unsere Untersuchungen für stationäre Patienten. Also jene, die bei uns im Haus sind. Die Zusendungen von auswärts halten sich in Grenzen. Aber natürlich ist es so, dass man hier auch Informationen anfordern kann. Wir haben jetzt aber nicht den Bedarf in das KIS eines anderen Krankenhauses einzusteigen. So viele Information benötigen wir nicht. Das ist jetzt auch nicht das Problem. Die Problematik ist eher so zu sehen, dass wir einen Laborbefund einsehen möchten, unabhängig davon, wo dieser gemacht wurde. Man bräuchte ein gemeinsames Medium, welches ermöglicht, dass ein Befund von einem anderen Krankenhaus elektronisch zu uns geschickt wird. Hier könnte man sich auch ansehen, was der Laborbereich und der niedergelassene Bereich machen. Der niedergelassene Bereich ist schon relativ weit mit der elektronischen Übertragung. Was im negativen Sinne überrascht, ist das große Manko zwischen den Spitälern, denn hier gibt es wenig elektronischen Austausch. Vom Labor her wäre es sinnvoll, dass nicht jeder für sich alles spezialisiert, sondern dass man Schwerpunkte setzt, genauso wie im klinischen Bereich. Aber das macht nur dann Sinn, wenn auch der Austausch stattfindet. Hier könnte man theoretisch auch einen oberösterreichischen Laborbefund kreieren, wo die Daten eingespeist werden.

Sehen Sie technische und organisatorische Möglichkeiten diese Fehler/Probleme zu reduzieren bzw. zu vermeiden?

Dies ist immer schwieriger, wenn man ein alleinständiges Krankenhaus ist. Da unser Haus aber im Verbund bzw. einer Allianz mit mehr als 10 Krankenhäusern, stellt sich die nicht die Frage, ob ein Austausch von Labordaten stattfinden soll, sondern wie. Es ist hier das Wichtigste, dass man EDV-mäßig miteinander kommunizieren kann und dass die Umwege, die wir derzeit gehen, abgeschafft werden. Ziel wäre es, ein einheitliches System zu haben. Damit würde das Problem der Inkompatibilität der verschieden Systeme wegfallen. Die ganze Varianz würde damit wegfallen. Nur das ist aus verschieden Gründen meistens nicht möglich. Es kommt auch darauf an, ob ich das LIS harmonisiere oder das LIS und KIS harmonisieren kann. Früher oder später kommt man um das nicht herum, außer man findet einen gemeinsamen Nenner, so wie z.B. die ELGA. So wäre es beispielsweise möglich, dass alles was ich hier für meinen Patienten an Labordaten generiere, elektronisch auch in die Verantwortung des Patienten übergebe. Die elektronische Form der Daten geht mit den Patienten mit.

Wie kann E-Health bei der Reduzierung bzw. Vermeidung dieser Probleme unterstützen? *Stichwörter: Interoperabilität der IT-Systeme / Datenschutz und Datensicherheit /Standards der Datenübertragung*

Der Laborbefund sollte nicht nur für den behandelnden Arzt sondern auch für den Patienten einsichtig sein. Labordaten sollten dem zuzuweisenden Arzt geschickt werden bzw. auch in die Selbstverantwortung des Patienten übergeben werden. Für die elektronische Übertragung gibt es z.B. das Medical Net, eine überregionale elektronische Form, wo Labordaten hineingestellt werden können und man als berechtigter Kunde die Labordaten, wo auch immer sie erstellt wurden, wieder beziehen kann. Das ist eine relativ unkomplizierte Sache, die den Zweck erfüllt. Die Frage ist nur, wenn man sich jetzt die Spitals- und Laborlandschaften im niedergelassenen Bereich ansieht, wie viele

Daten im Medical Net „eingespeist" sind. Man muss hier hinterfragen, wie viele Kunden z.B. aus Oberösterreich im Medical Net sind. Es ist ein seit Jahren bewährtes System, dass sich sicher auszahlt. Die Daten kommen hier in einer Form, in der ich diese wieder in meinen Befund einspeisen kann. Es macht ja keinen Sinn, dass ich Daten elektronisch verschicke und danach wieder manuell eintippen müsste. Dies wäre wieder kontraproduktiv. Ich glaube auch, dass E-Health intensiv zur Vermeidung dieser Probleme beitragen kann. Man muss sich landes- und bundesweit auf eine Form einigen, dies passiert derzeit. Bei keiner Einigung und mehreren Systemen, würde es zu Widersprüchen kommen. Und dann hat man wieder die Probleme der Inkompatibilität.

Welcher konkrete Nutzen kann durch die elektronische Datenübertragung von Labordaten aus Ihrer Sicht generiert werden?

Ein konkreter Nutzen ist der Zeitnutzen. Hierbei muss ich mir überlegen wie der Laborbefund zum zuweisenden Arzt oder zum behandelnden niedergelassenen Arzt kommt. Das passiert derzeit hauptsächlich in Papierform. Es dauert dann eine gewisse Zeit, bis der Entlassungsbefund geschrieben und verschickt worden ist. Elektronisch kann dies wesentlich schneller abgewickelt werden. Also der Zeitfaktor spielt eine wesentliche Rolle. Zusätzlich kann man sagen, dass bei einer Transferierung von Patienten zwischen Krankenhäusern damit auch wiederholte Analysen erspart werden können.

Im Zuge einer elektronischen Datenübertragung muss die ganze Laboranalytik standardisiert sein bzw. transparent gestaltet werden. Zuständigkeiten müssen definiert und Vergleichbarkeit, zum Beispiel jene der Methoden, muss hergestellt werden. So kann eine weitere Analyse erspart werden, außer es handelt sich um Parameter, die aufgrund einer bestimmten Therapie oder durch die inzwischen vergangene Zeit, erneut benötigt werden. Bei Langzeitparametern können Kosten, Zeit, Unannehmlichkeiten für Patienten gespart werden und Informationen rasch übermittelt werden.

Wie könnte eine elektronische Datenübertragung von Labordaten zwischen Krankenhausinformationssystemen gestaltet werden, um Fehler zu reduzieren und was sind kritische Erfolgsfaktoren um dies umzusetzen?

Wenn überhaupt irgendwas transferiert wird, dann muss es zu einer Standardisierung kommen. Dies wird im Zuge von ELGA gerade erarbeitet. Und zwar eine Standardisierung, welche Daten auf einem Laborbefund aufscheinen müssen. Dies wurde von einer

ELGA Arbeitsgruppe genau definiert. Es muss auch eine Standardisierung geben in Bezug auf Parameternamen und –einheiten, Probenmaterial etc. Also muss primär eine Standardisierung stattfinden, damit ich das Gleiche übertragen kann.

Es gibt hier dann verschiedene Möglichkeiten, aber das ist eine Grundsatzentscheidung. Gebe ich dem Patienten die Labordaten in dessen Selbstverantwortung und Daten werden praktisch mit dem Patienten transferiert oder und, man kann ja beides machen, ich übertrage das direkt zwischen Krankenhäusern und niedergelassenen Stellen. Hier wären wir wieder bei bestehenden Netzwerken wie dem Medical Net oder der ELGA. Man kann dann über die Versicherungskarte zwischen den Krankenhäusern die Daten transferieren und der Patient ist auch im Besitz der Daten. In Deutschland und Dänemark wird Versicherungskarte für solche Zwecke verwendet. Einigt man sich auf ein elektronisches Medium und auf eine Codierung bzw. Verschlüsselung, dann muss hier die Bereitschaft von den Trägern der Spitäler sowie den niedergelassenen Ärzten vorhanden sein. Denn es muss im weiteren Schritt dann auch das Programm für die Verschlüsselung zugekauft werden. Aber daran sollte es nicht scheitern.

Experteninterview 4 – Experte 4

Wo entstehen bei der Übertragung von Labordaten (Daten der Analytik) die meisten Fehler bzw. Probleme?

Einerseits gibt es Probleme, wenn die Daten nicht dort sind, wo man sie vermutet. Beispielsweise haben wir das Problem, das die Validierung und Freigabe der Daten auf den lokalen Maschinen in unserem Labor vergessen wird. Dies führt dazu, dass der Arzt auf Werte wartet, die bereits fertig sind. Hier fehlt dann bloß ein Knopfdruck für die Weitergabe der Daten. In diesen Fällen muss nachgerufen werden, da der Patient oft schon hier ist und darauf wartet, dass die Chemotherapie freigegeben wird. Eine solche Freigabe ist aber nur möglich, wenn die Blutwerte überprüft worden sind. Aus diesem Grund der notwendige Anruf im Labor damit der Knopf gedrückt wird. Zwei Sekunden später sind dann die Daten im System und für den Arzt sichtbar.

Es handelt sich dabei um technisch validierte Daten. Eine medizinische Validierung ist kaum vorstellbar, denn wer soll schon zehntausende Daten am Tag validieren? Die Hauptvalidierung geschieht zumeist durch die MTAs und durch den Arzt, bei dem die Daten eintreffen. Ein Beispiel dazu: Ich habe zu einem Patienten ein Blutbild erhalten, bei dem die Leukozyten fehlten. Hierbei wusste ich nicht, dass der Patient vor 3 Tagen ein normales Blutbild gehabt hatte. Ich konnte zu diesem Zeitpunkt nicht beurteilen, ob er perakut Leukämie entwickelt hat oder ob es sich um eine Arzneimittelnebenwirkung handelte. Aus diesem Grund habe ich das Labor aufgesucht und wir haben uns vor das Mikroskop gesetzt und nachgesehen. Hier kam bereits der Verdacht auf, dass es sich um keine Plasten handelt. Damit wäre es keine Leukämie und somit eine möglicher Toxizität. Mit einem Kollegen aus der Intensivstation haben wir die Medikamente überprüft und bemerkt, dass der Patient Arzneimittel einnimmt, welche zu einer Schädigung des Blutbildes führen. Diese Medikamente wurden bereits abgesetzt, weshalb wir beschlossen haben zu warten, um zu sehen was passiert. D.h., eine richtige technische Validierung kann nur die MTA durchführen, weil dazwischen zumeist Rücksprachen zwischen MTA, Laborarzt oder eben Empfängerlaborarzt notwendig ist. Automatisch würde eine solche Problematik wohl kaum auffallen, es sei denn, die Werte ändern sich innerhalb kurzer Zeit sehr stark, sind gestern normal und heute sehr hoch.

Ganz wichtig in diesem Prozess ist, dass im Krankenhausinformationssystem darauf aufmerksam gemacht wird, dass beim Eintreffen eines nicht fertigen Befundes die Information „Folgt" hinterlegt ist, was darauf hinweist, dass weitere Werte folgen. In diesem Fall wird man bei diesem Patienten wieder nachsehen. Schlecht wäre es, wenn ein unfertiger Befund gesendet wird und dieser Hinweis fehlt. Ist man nicht informiert, ob alle Werte vorhanden sind oder noch Werte nachfolgen, können keine entsprechenden Aktionen gesetzt werden. Sind beispielsweise Probleme bei der Probenabnahme aufgetreten wäre es notwendig weiteres Blut abnehmen zu lassen. Dies wäre auch im Falle von verlorenen Proben notwendig. Es ist daher wichtig, dass alle Werte im KIS ankommen und man informiert wird, wann dies geschehen ist und ob noch weitere Daten folgen.

Ein Problem sind auswertige Befunde. Es werden nicht alle Bestimmungen im Labor selbst gemacht. Einige Bestimmungen werden so selten durchgeführt, dass es besser ist, wenn dies ein Labor zentral durchführt. Wenn wir nun beispielsweise aus dem Wagner Jauregg Krankenhaus Werte bekommen, dann landen diese in elektronischer Form an einem schwer auffindbaren Ort. Jedoch nicht in der notwendigen kumulativen Ansicht unseres KIS. Ob die notwendigen Werte nun überhaupt eingetroffen sind, lässt sich nur mit hohem Aufwand feststellen. Weiß man nun gar nicht, dass solche Werte bestimmt worden sind, dann kommt man auch nicht auf die Idee nachzusehen. D.h., wenn die Werte nicht in einer kumulativen Laboransicht aufscheinen ist dies ein großes Problem. Als Benützer interessiert mich dabei nicht wer die Analyse durchführt, sondern es interessiert mich nur das Ergebnis und das dieser Wert bestimmt worden ist. Teilweise erhalten wir Ergebnisse in Papierform, welche eingescannt werden müssen. Es handelt sich dann um ein PDF-artiges Dokument, welches nicht bei den anderen Ergebnissen liegt und erst einmal gesucht werden muss. Das ist wirklich ein großes Problem der Übersichtlichkeit, welches die Möglichkeit erhöht, dass Fehler geschehen. Im Grunde handelt es sich um sehr wichtige Werte, weswegen diese verschickt eben auch verschickt werden.

Wo entstehen Probleme bei der elektronischen Übertragung zwischen Krankenhausinformationssystemen? Stichwörter: Daten / Prozesse und Organisation / Akzeptanz seitens Anwender / Krankenhausinformationssysteme

Leider ist es in Österreich versäumt worden, dass man Laborbefunde normiert. Hinzu kommt das Problem, dass die Normwerte schwanken. Das ist ein technisches Problem direkt aus der Analytik. Zumeist ist dies von den verwendeten Reagenzien und von Verarbeitungsmethoden abhängig. Deswegen können oft zwei Werte aus 2 unterschiedlichen Laboren, die denselben Parameter beschreiben, nicht wirklich verglichen werden. Das stellt ein ganz großes Problem dar. Bei der einen Norm werden die Parameter anders angeben als in einer anderen Norm. Die Laborchemiker bestehen hierbei auf deren Werte womit ein Problem der semantischen Operabilität entsteht.

Ein anderes Problem besteht darin, dass Werte in Milliliter und aber auch in Millimol/Liter angegeben werden können. Damit ist eine automatische Vergleichbarkeit nicht mehr gegeben und die Daten können nicht ohne Anpassung elektronisch übernommen werden. Im Grunde hätte man bei der Einführung der Informatik all dies bereits bestimmen müssen um damit beispielsweise sagen zu können, dass ein Kalium sich in diesem speziellen Normwert befindet und jener Einheit angegeben wird. Abweichungen dürften nicht erlaubt und auch nicht bezahlt werden.

Sehen Sie technische und organisatorische Möglichkeiten diese Fehler/Probleme zu reduzieren bzw. zu vermeiden?

Es müssen an der richtigen Stelle Hinweise gegeben werden. Beispielsweise, dass auch auswertige Befunde in einem gewissen Ordner zur Verfügung stehen. Dies könnte mit einem Link verbunden werden. Werden aber diese Informationen nicht angezeigt, ist man darauf angewiesen, dass man sich solche Anforderungen merkt. Dies stellt natürlich ein Problem dar, wenn vor 3 Wochen Parameter angefordert worden sind und ein aktives Überprüfen vorhandener Werte notwendig ist. Der nächste Arzt wird schon wieder nichts machen, außer er erhält einen Memozettel. Aufgrund der Gefahr einer Informationsflut würden Emails oder SMS nicht das Problem lösen. Die Informationen, dass auswertige Befunde vorhanden sind, müssen im zentralen System sichtbar sein. Oder es wird protokolliert, dass Wert X am Tag Y angefordert wurde und mittlerweile eingetroffen oder nicht eingetroffen ist. Es ist jedoch unsinnig, etwas anfordern zu können und vom System keine Information zu erhalten wann bzw. ob der Wert eintrifft und wo dieser zu finden ist.

Wie kann E-Health bei der Reduzierung bzw. Vermeidung dieser Probleme unterstützen? *Stichwörter: Interoperabilität der IT-Systeme / Datenschutz und Datensicherheit /Standards der Datenübertragung*

Der Wiener Krankenanstaltenverbund kann gegenseitig die Werte einsehen. Mit dem Anmelden des Patienten in unserem System, kann auf dessen Daten zugegriffen werden. Der Datenschutz sollte an dieser Stelle nicht übertrieben werden. Dem Patienten muss mitgeteilt werden, dass bei einer Behandlung ein Zugriff auf dessen Daten notwendig ist um die Qualität zu gewährleisten. Damit vermeidet man aufwändige Untersuchung und weitere Kosten. Wäre der Patient in einem Worst Case bewusstlos, stellt dies eine Situation dar, wo genau jene Werte wichtig sein können. Wenn aufgrund des Datenschutzes nicht auf diese Daten darauf zugegriffen werden kann, würde es zu einer Gefährdung des Patienten kommen.

Ein Bespiel hierzu: „Die Patientin eines Orthopäden hat übersehen ihm zu sagen, dass Sie an Morbus Edison leidet. Das ist eine Nebenniereninsuffizienz. Die Nebenniere schüttet Kortison aus. Kortison ist ein Stresshormon und wenn dieses nicht vorhanden ist, stirbt man. Die Patientin ist an der Hüfte operiert worden. Nach der Operation wurde ihr Gesundheitszustand immer schlechter und schlechter. Der Orthopäde vermutete eine Sepsis und wusste nicht, dass es sich um eine Nebenniereninsuffizienz handelt. Die Patientin ist schlussendlich verstorben. Sie hatte vergessen zu erwähnen, dass sie eigentlich Kortison benötigt."

Würde man solche Informationen elektronisch sehen, wäre es kein Problem gewesen. Man kann also Daten so lange schützen, bis diese nutzlos sind.

Ein Datenaustausch zwischen den Krankenhäusern wäre ein gutes Ziel! Wobei hier das große Problem ist, dass es unterschiedliche Krankenhausinformationssysteme gibt. Die GESPAG hat beispielsweise ein Dokumentationssystem in Verwendung, welches echt toll ist. Wir wären bereit dieses zu kaufen, jedoch ist es so im KIS integriert, dass es sich mit externen Systemen so nicht einfach verbinden lässt. Man hätte die Software als Modul entwickeln müssen, und dann an das KIS anbinden, bspw. über eine definierte Schnittstelle wie HL7. Teilweise sind die Daten im System nicht einsehbar. Dies führt oft dazu, dass man sich diesem Beschaffungsprozess gar nicht erst aussetzen möchte.

Der Befund wird aus diesem Grund lieber nochmals angefordert. Es wird hier sehr viel Geld vergeudet und es ist noch sehr viel Potential vorhanden.

Welcher konkrete Nutzen kann durch die elektronische Datenübertragung von Labordaten aus Ihrer Sicht generiert werden?

Einerseits dass man bei der intra- und extramuralen Übertragung Verläufe anzeigen kann. Man kann sich bspw. den Laborwert als Zahl anschauen. Aber auch hier sind tlw. Fehler im System, wenn gewisse Daten nicht hervorgehoben werden. Wenn nun sehr viele Werte vorhanden sind, ist eine übersichtliche Darstellung jedoch enorm wichtig, damit wichtige Informationen nicht übersehen werden.

Eine KIS zu KIS Kommunikation zu schaffen ist schwierig, da die Daten teilweise nicht elektronisch vorliegen. Diese liegen elektronisch im Laborinstrument. Schon der Export in das hauseigene System kann die Daten zerstören. Dies passiert dann, wenn gewisse Daten zu Freitext konvertiert werden und damit eine elektronische Weiterverarbeitung verhindert wird. Damit sind die Daten nicht mehr verwendbar und im Grunde zerstört. Solche Probleme können auch in einem Haus mit einem modernen KIS auftreten. Wenn man hier bereits den Prozess nicht in den Griff bekommt, ist es kaum vorstellbar, dass dies hausübergreifend möglich ist.

Wenn nun der Patient zwischen 3 Krankenhäusern wechselt, wäre es möglich zu sehen wie die Herzkraft die letzten 3 Jahre war. Momentan müssen Arztbriefe angefordert werden und Daten müssen im schlimmsten Fall mit der Hand herausgeschrieben werden. Die Daten wären schneller zur Verfügung, nämlich dann wenn benötigt. Ein anderes Beispiel sind Tumormarker oder Nierenwerte. Werte, die häufig benötigt werden und dies über lange Zeiträume. Diese krankenhausübergreifende Langzeitparameterbetrachtung liegt wie man sieht derartig in den Kinderschuhen, dass es noch ein sehr weiter Weg dorthin ist.

Die Patientenidentifikation ist auch ein sehr schwieriges Thema. In Österreich gibt es beispielsweise keine einheitliche Patienten-ID. Dies ist bis jetzt nicht gelungen. So gibt es in Österreich noch immer Patienten, welche die gleiche Sozialversicherungsnummer haben. Diese Nummer entsteht nämlich auf Landesebene. Die Kärntner hätten zwar einen einheitlichen Index, die anderen Länder haben hierbei aber nicht nachgezogen. Es sind zum Teil keine technischen sondern politische Probleme.

Wie könnte eine elektronische Datenübertragung von Labordaten zwischen Krankenhausinformationssystemen gestaltet werden, um Fehler zu reduzieren und was sind kritische Erfolgsfaktoren um dies umzusetzen?

Die Voraussetzungen wären hierfür die Normierung der Einheiten. Es müsste mit einem Kürzel angeben werden, wer den Wert erstellt hat. Damit wird ersichtlich, um welches Labor es sich handelt. Hierzu müssten die Normwerte mit angegeben werden. Denn übernimmt man Werte aus einem anderen Krankenhaus, dürfte man streng genommen diese Normwerte nicht übernehmen. Dies ist ein chemisch bedingter Grund der sich auf die Reagenzien und Geräten rückverfolgen lässt, welche auch leicht schwanken. D.h., die Werte müssen sauber bleiben. Die Probleme liegen sehr im Detail.

Die Daten sollen sich auf jeden Fall in einem einheitlichen Speichersystem befinden, bei uns wäre dies das SAP. Und woran wir gerade arbeiten ist die elektronische Fieberkurve. Optimal wäre es, wenn die Werte direkt in der elektronischen Fieberkurve (bei der Visite) angezeigt werden. Momentan sind diese Fieberkurven handgeschrieben. Es ist hierbei sehr wichtig, die Laborparameter mit der Hand hinzuschreiben zu können. So wird beispielsweise ein Wert der ausserhalb liegt oder auffällig ist mit der Hand hinzugefügt. Wann weiß dann, dass dieser Wert am nächsten Tag wieder kontrolliert werden muss. Aber die händische Niederschrift ist eigentlich eine Methode aus der Steinzeit. Elektronische Unterstützung wäre gut, eine Datenflut soll jedoch vermieden werden. Das richtige Maß an Technik zu finden ist schwer. Was ist sinnvoll und was nicht? Wirklich kritische Werte sollten eine Warnung auslösen, bei den anderen Werten sollte man nachsehen können, aber es sollte dann zu keiner Warnung kommen.

Experteninterview 5 – Experte 5

Wo entstehen bei der Übertragung von Labordaten (Daten der Analytik) die meisten Fehler bzw. Probleme?

Die meisten Probleme und Fehler entstehen immer dort, wo manuell eingegriffen wird. Angefangen im Labor, wenn dort Daten manuell erfasst werden oder in die Automatisierungsprozesse, in welcher Form auch immer, eingegriffen wird. Oder auch auf der Station bei der manuellen Übertragung in die Fieberkurve, wenn ein Befund abgeschrieben wird. Überall wo menschliche Schnittstellen sind!

Wo entstehen Probleme bei der elektronischen Übertragung zwischen Krankenhausinformationssystemen? Stichwörter: Daten / Prozesse und Organisation / Akzeptanz seitens Anwender / Krankenhausinformationssysteme

Die Schnittstellen, die dort laufen, müssen systematisch kontrolliert werden. Die Fehler sind der Erfahrung nach immer fehlerhafte Datenkonstellationen, die entweder aus Benutzerfehlern entstehen oder eine Situation widerspiegeln, mit der die automatisierte Schnittstelle nicht umgehen kann. Beispiel aus unserem Alltag : wenn im KIS ein Fall storniert wird, dann wird das vom Laborsystem unsauber nachgezogen und irgendwann kommen Leistungen oder Werte zum stornierten Fall, den es gar nicht mehr gibt. Dies muss dann manuell abgearbeitet und dem richtigen Fall zugeordnet werden. Hier ist es wichtig eine Systematik in der IT zu haben, dass es Zuständigkeiten gibt, wer sich das täglich anschaut und abarbeitet. Die Fehler sollen nicht hochkommen, sondern gleich behoben werden.

Zwischen Krankenhäusern gibt es auch automatisierte Schnittstellen, die man kontrollieren muss und hier ist es ganz wichtig, dass die Kommunikation auf Standards basiert : Standardisierte Schnittstellenformate, keine proprietären Schnittstellen. Je standardisierter diese Abläufe formulierbar und umsetzbar sind umso besser ist es. Beispielswese IHE oder HL7, Standards, welche in Richtung ELGA gehen.

Die ELGA wird die Häuser dazu verpflichten, dies so umzusetzen. Wir haben die Erfahrungen gemacht, wenn wir mit verschiedenen Partnern kommunizieren wollen, die diese Formate noch nicht können. Es wird auf die ELGA gewartet („Ausrede") und vorher noch nicht in der Form umgesetzt. Man müsste eine individuelle Lösung basteln, was mehr Arbeit verursacht. Es wäre deshalb das Beste für alle Beteiligten, gleich mit dem Standard arbeiten zu können. Auch beim gemeinsamen Entwickeln gibt es dann eine Richtlinie als Basis. Die größeren und bekannteren KIS-Systeme haben bereits Standardmöglichkeiten, aber diese müssen von Seiten des Krankenhauses und der IT entsprechend customized, konfiguriert und umgesetzt werden. Ob dies passiert ist individuell – man kann niemanden dazu verpflichten.

Sehen Sie technische und organisatorische Möglichkeiten diese Fehler/Probleme zu reduzieren bzw. zu vermeiden?

Verwendung von Standards! Man kann hier noch organisatorische Einschränkungen hinzufügen: Benutzer müssen eingeschränkt werden, auf Rechte und Möglichkeiten einzugreifen. D.h., dass Benutzerrechte und die Oberfläche der zur Verfügung stehen Funktionen entsprechend eingeschränkt werden. Zu viele Möglichkeiten führen wiederum zu Fehlern.

Wie kann E-Health bei der Reduzierung bzw. Vermeidung dieser Probleme unterstützen? Stichwörter: Interoperabilität der IT-Systeme / Datenschutz und Datensicherheit /Standards der Datenübertragung

Die Standards sind hier die Lösung.

Welcher konkrete Nutzen kann durch die elektronische Datenübertragung von Labordaten aus Ihrer Sicht generiert werden?

Hier gibt es 2 Stichwörter, Tempo und Sicherheit. Die Daten stehen rascher zur Verfügung! Und die Sicherheit auf elektronischem Wege ist drastisch höher als wie in Papierform!

Wie könnte eine elektronische Datenübertragung von Labordaten zwischen Krankenhausinformationssystemen gestaltet werden, um Fehler zu reduzieren und was sind kritische Erfolgsfaktoren um dies umzusetzen?

Das Ganze möglichst auf standardisierte Schnittstellen aufzusetzen. Wichtig ist auch um Fehler zu vermeiden/reduzieren, dass standardisierte Testszenarien entwickelt werden und dass umfangreiche Tests stattfinden, damit beim Gestalten der Schnittstelle möglichst alles abgefangen wird, was fehlerbehaftet sein kann. Testszenarien sollen strategisch aufgesetzt werden. Es sollen viele unterschiedliche Testszenarien durchgeführt werden. Beim Connectathon handelt sich beispielsweise um Testszenarien. Jedoch um

Szenarien, bei dem ganz bestimmte Testfälle vorgegeben werden. Alle Tests sind hier bestimmt nicht abgedeckt. In der Praxis sind jedoch sicher mehr Tests notwendig.

Ein Problem der Anbindung ist die semantische Abstimmung zwischen Sender- und Empfängersystem. Stellt das sendende System wirklich immer in jedes korrekte HL7 Segment das Richtige rein, was das empfangende System auch entsprechend verarbeiten kann? Es sind individuelle Daten enthalten, die abgestimmt werden müssen z.B.: der Name des Partnersystems. Beide Systeme müssen denselben Namen verwenden, ansonsten funktioniert das nicht. Dies hat nichts mit den Standards zu tun, hier muss man sich auf die Inhalte verständigen. Das ist dann immer die Anpassungsarbeit bei den Schnittstellen. Die Inhalte sind genauso abzustimmen wie die Formalismen. Semantik kann nicht durch Standards abgenommen werden.

Experteninterview 6 – Experte 6

Wo entstehen bei der Übertragung von Labordaten (Daten der Analytik) die meisten Fehler bzw. Probleme?

Eine große Fehlerquelle ist die Präanalytik. Bereits im Abnahmeprozess muss eine korrekte Probenzuordnung zum Patienten vorhanden sein. Proben müssen richtig und schnell transportiert werden. Auftragsanforderungssysteme mit Probenetikettierung können die Fehler bei der Probenverwechslung verringern. Eine weitere Problemquelle ist die Patientenidentifikation (richtige Identifikation und Patientendaten-Doubletten). Hier spielt die Zusammenarbeit des LIS mit dem patientenführenden System eine große Rolle.

Wo entstehen Probleme bei der elektronischen Übertragung zwischen Krankenhausinformationssystemen? Stichwörter: Daten / Prozesse und Organisation / Akzeptanz seitens Anwender / Krankenhausinformationssysteme

Die Übertragung der Laborwerte ist ein sehr standardisierter Prozess, bei dem die Analysen-Identifikation, bspw. die Bedeutung eines Blutbildes, zwischen KIS und Laborsystem abgesprochen sein müssen. Bei der einheitlichen Benennung der Analysen hilft der Standard LOINC.

Sammelanforderungen stellen häufig ein Problem dar. Wenn ein bestimmte Sammelanforderung oder ein „Profil", beispielsweise ein Blutbild, angefordert wird, dann bedeutet das eine bestimmte Zusammenstellung von Analysen. Diese Analysen müssen natürlich in den unterschiedlichen Systeme exakt dieselben sein, sonst kommt es bei der Interpretation zu Inkonsistenzen.

Falls das LIS mehr Analysen sendet als vom KIS angefordert, muss das KIS in der Lage sein, diese zusätzlichen Analysen verarbeiten zu können.

Ein weiteres Problem im Prozess ist der Zeitpunkt, wann welche Analysenergebnisse an den Auftraggeber kommuniziert werden. Das Labor muss möglichst schnell liefern, was nur möglich ist, wenn nicht auf die Fertigstellung des gesamten Befundes gewartet werden muss. Gerade wenn mehrere Analysen vorhanden sind, wie beispielsweise Stuhl, kann dies mehrere Tage dauern.

Üblicherweise ist es so, dass ein Labormediziner den gesamten Befund freigibt, wenn alle Analysen fertig sind. Da diese lange Wartefrist für die Überprüfung nicht akzeptabel ist, müssen die technisch freigegebenen Werte möglichst schnell vorab geschickt werden. Dies geschieht mit dem Risiko, dass sich durch die nachträgliche Korrektur des Labormediziners etwas ändern kann. D.h., es muss klargestellt sein, dass die Empfänger benachrichtigt werden, wenn ein Befund im System ist. Dies gilt auch für einen nachträglich geänderten Befund.

Sehen Sie technische und organisatorische Möglichkeiten diese Fehler/Probleme zu reduzieren bzw. zu vermeiden?

Organisatorisch können viele Probleme abgefedert werden. Aber wie kann ein behandelnder Arzt schnell von der Verfügbarkeit eines neuen Wertes informiert werden? Ärzte sitzen nicht immer am PC. Der Arzt wird nur dann informiert, wenn er zufällig am PC vorbeikommt oder sich an den PC setzt, sich einloggt und personalisiert eine Nachricht erhält. Über Smartphones beispielsweise kann diese Lücke geschlossen werden.

Wie kann E-Health bei der Reduzierung bzw. Vermeidung dieser Probleme unterstützen? *Stichwörter: Interoperabilität der IT-Systeme / Datenschutz und Datensicherheit /Standards der Datenübertragung*

Wir unterscheiden bei der Interoperabilität drei Ebenen: Die technische Ebene, die semantische Ebene und jene Ebene der Prozessinteroperabilität.

Die technische Interoperabilität z.B. durch HL7 stellt eine massive Qualitätssteigerung und Verbesserung bzw. Verschlankung dar und ermöglicht eine Beschleunigung bei der Einführung von neuer Software. Bei der Etablierung von Schnittstellen, sollte auf Standards gesetzt werden. Man ist schnell, spart Zeit. An Standards können sich beide Partner bei der Etablierung der Kommunikation orientieren.

Auf der semantischen Ebene kommt LOINC im Bereich vom Labor zum Einsatz. SNOMED spielt hierzulande kaum eine Rolle. Auf der Prozessebene gibt es die IHE. Die IHE Profile beschreiben, welche Akteure im Labor üblicherweise vorkommen und definiert die möglichen Szenarien für den Labordatenaustausch.

Wie könnte eine elektronische Datenübertragung von Labordaten zwischen Krankenhausinformationssystemen gestaltet werden, um Fehler zu reduzieren und was sind kritische Erfolgsfaktoren um dies umzusetzen?

Eine Kommunikation zwischen zwei KIS ist selten notwendig. Ansonsten ist eine Abfrage der Daten eher sinnvoll, wenn bei der Erstellung der Daten noch nicht klar ist, in welches Krankenhaus ein Patient als nächstes überwiesen wird. Bei Verwendung von ELGA würde man keine direkte KIS / KIS Kommunikation benötigen, sondern eine KIS / ELGA und ELGA / KIS Kommunikation.

Bis ELGA da ist, bilden sich Mini ELGAs in Krankenanstaltenverbünden. Die Patienten sind üblicherweise nicht so mobil. Die meisten bleiben im Bereich ihres Wohnortes. Dies bedeutet, dass sie die wenigen Spitäler, welche um ihren Wohnort herum gruppiert sind, frequentieren. Diese sind meistens in Verbünden. Diese Verbünde haben derzeit schon ELGA-ähnliche Kommunikationssysteme, welche auf IHE XDS basieren können.

IHE XDS kann mit CDA kombiniert werden. Hier werden dann nicht Teilbefunde oder vorläufige Befunde, sondern immer fertige Befunde kommuniziert.

Sind nun keine ELGA oder Mini-ELGA vorhanden, wäre bspw. auch das Versenden von Email möglich. Wenn diese mit einem interoperablen Format, wie CDA geschickt werden, dann kann dies theoretisch im Ziel-IT System eingebaut werden. Dafür würde jedoch keine Schnittstelle eingebaut werden, da ein CDA ohne entsprechendes Interface und automatische Übernahme, die gleichen Eigenschaften wie ein PDF aufweist.

Ein Datenaustausch mit XDS funktioniert nur innerhalb einer Affinity Domäne. Wenn zwischen Affinity Domänen übertragen wird, werden weitere Profile von IHE benötigt. Innerhalb einer Domäne funktioniert der Datenaustausch mit XDS, bei einer übergreifenden Kommunikation werden andere IHE Profile verwendet. In jedem Fall stellt eine Implementierung einen großen Aufwand dar und es stellt sich die Kostenfrage, wenn es nur wenige Patienten betrifft. Bei geringerer Patientenanzahl, zahlt sich der elektronische Datenaustausch eher nicht aus. Es wäre zwar technisch lösbar, jedoch ökonomisch nicht sinnvoll. Ein solches System zu etablieren stellt einen enormen Aufwand dar, zumal dieses auch gewartet werden muss. Neben den Erstellungskosten müssen also auch die laufenden Kosten beachtet werden.

Es kann zwischen KIS Messaging betrieben werden, wenn überall die gleichen Stammdaten und Vokabulare verwendet werden. Dann ist es theoretisch möglich, dass eine Nachricht von einer Institution zur anderen geschickt wird. Es würde sich hierbei theoretisch um eine HL7 Version 3 Nachricht mit HL7 RIM Hintergrund handeln. Hierfür müssten jedoch alle Stammdaten der Organisationen wie die Nummernkreise, die IDs usw. abgeglichen sein. Ansonsten gäbe es ein völliges Durcheinander. Es können also nicht einfach Nachrichten von einer Domäne in die andere geschickt bzw. verwendet werden.

Ein beliebiger Austausch von Gesundheitsdaten ist auch bei Einhaltung der Standards nicht sofort möglich. Der Grund dafür liegt daran, dass die Standards eine gewisse Flexibilität besitzen. Und diese Flexibilität wird genau dann zu einem Problem, wenn man zwischen Domänen austauschen möchte. Die Systeme würden die Daten unterschiedlich interpretieren. Am Beispiel XDS: Wenn 2 Einrichtungen sich nun bezüglich der Dokumentmetadaten nicht abgesprochen haben, dann werden Metadaten verschickt, welche vom jeweils anderen System nicht verstanden werden.

XML mit HL7 V3 wäre als Trägerstandard geeignet. Dahinter liegen das HL7 Datenmodell (das RIM), das Vokabular und die HL7 Datentypen. Das sind die Säulen der Version 3. Das Datenmodell wird in den verschiedenen Domänen angewendet, wie z.B. im Labor. Das konkurrierende Konzept von OpenEHR ist gut, aber etwas zu akademisch und praxisfern. Die Community wächst hier nicht wirklich. Das CEN Modell 13606 ist ähnlich wie OpenEHR.

Experteninterview 7 – Experte 7

Wo entstehen bei der Übertragung von Labordaten (Daten der Analytik) die meisten Fehler bzw. Probleme?

Die Labore sind bereits gut digitalisiert. D.h. Laboruntersuchungen laufen in der Regel hochautomatisiert ab und die Werte bzw. Resultate liegen in den meisten Fällen digital vor. In der Schweiz gibt es verschiedene Formen von Laboruntersuchungen. So können Laborgeräte beim Arzt in der Klinik, die Resultate direkt in das KIS übertragen, sofern die notwendige Software vorhanden ist. Weiters können Laboruntersuchung im Zentrallabor im Auftrag des Arztes bzw. der Klinik oder auch im Auftrag des Patienten, bspw. bei Vaterschafttests etc. durchgeführt werden.

Die meisten Probleme entstehen bei der Integration in bestehende Anwendungen, da es keine einheitlichen Schnittstellen gibt. Viele Labore Nutzen HL7 oder übermitteln die Berichte als PDF, was aber erhebliche Integrationsschwierigkeiten mit sich bringt. Eine Standardisierung ist daher wichtig.

Ein großes, bis jetzt wenig beachtetes Problem ergibt sich jedoch bei der Beauftragung einer Laboruntersuchung, die wesentlich schwerwiegendere Konsequenzen hat. Da die Patienten-Identität nicht einheitlich und nach gleichbleibenden Qualitätsstandards erfasst wird, besteht eine hohe Verwechslungsgefahr. Oft werden die Patientendaten im Auftrag nicht mitgegeben, sondern nur eine Auftragsnummer als Referenz. Es obliegt dem Absender der Probe hier keine Verwechslung vorzunehmen. Im Labor ist es später nicht möglich, eine Verwechslung des Patienten zu erkennen. Auch Verlaufsanalysen oder Vergleiche mit früheren Untersuchungen sind im Labor selten oder gar nicht möglich, was zu einer schlechteren Validierungsmöglichkeit der Untersuchung führt.

Auch der Master Patient Index löst das Problem nicht. Ein MPI kann helfen Identitäten nach gewissen unscharfen Kriterien zusammen zu führen, was ich jedoch als sehr risikoreich erachte. Immerhin geht es um Gesundheitsdaten. Eine Kombination elektronischer Identifikatoren wie z.B. die e-card oder ein Sicherheits Token (SmartCard oder Stick) mit einem X509 Zertifikat und einem nach gewissen Qualitätsstandards definierten Registrationsprozess zusammen mit einem MPI erachte ich als sinnvoller. Wichtig ist, dass alle Institutionen den Patienten nach den gleichen Vorgaben identifizieren. Nur so können sich diese gegenseitig vertrauen und sich so von Verwechslungen von Patientenidentitäten gegenseitig schützen.

Oft werden Proben in falschen Probenbehältnissen eingeschickt, die entweder nicht auf der Anlage verarbeitet werden können oder die durch Verunreinigungen von Probenbeigabematerial zuerst getrennt werden müssen. Z.B. Urin in Probebehältnissen für Blut mit Gerinnungshemmern usw.. Beim Reinigen der Probe oder beim Wechseln des Behältnisses können weitere Fehler entstehen. Eine möglichst frühe Prozessintegration ist zur Vermeidung von Fehlern von großer Wichtigkeit.

Wo entstehen Probleme bei der elektronischen Übertragung zwischen Krankenhausinformationssystemen? Stichwörter: Daten / Prozesse und Organisation / Akzeptanz seitens Anwender / Krankenhausinformationssysteme

Es fehlen verbindliche Standards wie die Daten auszutauschen sind. Weder das Datenformat noch der Inhalt sind einheitlich spezifiziert. IHE versucht hier auf eine pragmatische Weise Lösungen anzubieten. Leider endet die Standardisierung auf der Stufe Dokument. CDA versucht die Dokumenten Ebene zu standardisieren. Noch in weiter Zukunft sind semantisch standardisierte Dokumente. Nur Semantisch standardisierte und strukturierte Dokumente können EDV technisch interpretiert und fehlerfrei verarbeitet werden.

Sehen Sie technische und organisatorische Möglichkeiten diese Fehler/Probleme zu reduzieren bzw. zu vermeiden?

Die Sozialwirtschaften, Regionen, Akteure müssen sich auf einheitliche Standards einigen. Über IHE erfolgt dies auf freiwilliger Basis, einzelne Länder u.a. die Schweiz empfehlen IHE als geeignetes Framework um eine standardisierte Umsetzung zu erreichen.

Wie kann E-Health bei der Reduzierung bzw. Vermeidung dieser Probleme unterstützen? Stichwörter: Interoperabilität der IT-Systeme / Datenschutz und Datensicherheit /Standards der Datenübertragung

E-Health per se reduziert bzw. vermeidet keine Probleme. Im Gegenteil, E-Health stellt vieles in Frage. Unter E-Health kann grundsätzlich die elektronische Datenverarbeitung im Gesundheitswesen verstanden werden. Viele Länder reduzieren das Thema auch auf das Schaffen der Interoperabilität der datenführenden Systeme zum Austausch von Gesundheitsdaten oder im Speziellen sogar auf des Einrichten eines Patientendossiers oder auch den EHR (Electronic Health Record). In den meisten Fällen resultiert ein patientenzentriertes Datenmanagement und eine eindeutige Erfassung und Führung der Patientenidentität in den datenführenden Systemen, was zu verschiedenen rechtlichen und organisatorischen Fragen führt.

Wie alle IT Projekte zwingt auch E-Health die Akteure ihre Kollaborationsprozesse zu überarbeiten und zu standardisieren, um die beschriebene Interoperabilität zu erreichen. Im Kern der meisten Anstrengungen steht jedoch der Wunsch nach einem patientenzentrierten Datenmanagement mit dem Ziel die Systemeffizienz der Versorgungssysteme zu verbessern. Das Verbessern der Behandlungsqualität, das Lenken des Patientenstroms, das Verhindern von Fehlern und Mehrfachuntersuchungen und dadurch auch das Optimieren der Versorgungseinrichtungen sind Ziele, die mit einem patientenzentrierten Datenmanagement erreicht werden können. Im Weiteren will man den Patienten mündiger machen indem man den Patienten besser in seine Gesundheitsverantwortung einbinden kann. Die Hoffnung die je nach Studie klar oder weniger klar dargelegt wird, dass der informierte Patient gesünder lebt, hilft im Wesentlichen das Problem an der Wurzel zu packen.

Welcher **konkrete Nutzen kann durch die elektronische Datenübertragung von Labordaten aus Ihrer Sicht generiert werden?**

Hier ergibt sich eine Menge an Nutzen. Die fehlerfreie Übernahme von Labordaten in Berichte und Patienteninformationssysteme. Das Ermöglichen von automatisierten Zeitreihen (Langzeit Betrachtung). Im Bereich des Telebiomonitoring, also Übermittlung von Labordaten, die durch den Patienten selber oder eine Hilfsperson erhoben werden. Wie z.B. beim Blutzucker sind neue Versorgungsmodelle machbar, ohne dass der Patient in die Klinik oder zum Arzt gehen muss um eine Medikation einzustellen, Langzeitschädigungen lassen sich so besser unterdrücken. Eine medienbruchfreie Kommunikation minimiert Fehlerquellen durch Interpretation und Fehlübertragung. Die Prozessintegration wird besser unterstützt, z.B. mittels durchgängiger einheitlicher Auftragsidentifikation oder Patientenidentifikation. Mehrfachuntersuchungen können verhindert werden, weil bereits erfolgte Untersuchungen datentechnisch besser zur Verfügung stehen. Automatisierte Entscheidungsunterstützung hilft bei der Medikation oder Diagnose zur Vermeidung von Fehlern. Die Werte sind validierfähig und können durch Anwendungen plausibilisiert werden. Eine nachträgliche Verarbeitung von digitalisierten Daten kann helfen Diagnosepfade zu verbessern (Evidence based medicine).

Wie könnte eine elektronische Datenübertragung von Labordaten zwischen Krankenhausinformationssystemen gestaltet werden, um Fehler zu reduzieren und was sind kritische Erfolgsfaktoren um dies umzusetzen?

Es wird hier der Fall angenommen, dass die elektronische Übertragung dazu dient, zusätzliche Patientendaten von einem Krankenhaus abrufen zu können und damit einen längeren Betrachtungszeitraum sowie eine verbesserte Behandlung zu ermöglichen. Weiters soll auch eine gezielte Übertragung von Labordaten nach einer speziellen Analyse von einem Krankenhaus in das andere möglich sein. Also die Möglichkeit einer gerichteten und ungerichteten Kommunikation. IHE bietet hier fertige Profile für Labordaten. Natürlich kann das auch ideal mit einer Mini-ELGA gelöst werden, so zusagen als Einstiegspunkt in den elektronischen Datenverkehr. Das IHE Profil zum Datenaustausch nennt sich Cross Document Sharing (XDS)

Eine reine Reduktion des medizinischen Datenaustausches auf Labordaten löst jedoch wenige Probleme in der Datenintegration von medizinischen Daten. Die Übertragung von Labordaten alleine ist daher in Bezug auf Kosten/Nutzen nur schwer zu argumentieren. Eine integrale Problembetrachtung ist anzustreben, wobei die Integration von Labordaten ein erster Schritt zum digitalen Übermitteln von medizinischen Informationen bilden kann. Auf jeden Fall ist zu berücksichtigen, dass Labordaten gut strukturierbar sind, die meisten anderen medizinischen Informationen aber nur schwer semantisch und strukturiert vorliegen. Diesem Umstand gilt es Rechnung zu tragen.

Werden Daten zum Patienten aus mehreren System und Legal Entities zusammen getragen gilt es auch Datenschutzaspekte zu beachten, da medizinische Daten besonders schützenswerte Sozialdaten sind, die besonderen gesetzlichen Vorschriften unterliegen. Wie bei jeder Datenintegration mit mehreren Teilnehmern muss ein Standard evaluiert oder erstellt werden. Standards gibt es genug, im Sinne einer zukunftsgerichteten Investition sollte ein aktueller Standard mit möglichst guter Verbreitung gewählt werden, der die Problemstellung erfüllen kann.

Eine Wahl im Konsensverfahren dauert länger, stößt später dafür auf bessere Zustimmung. Ein im Top-Down vorgegebener Standard klärt schnell die Fronten, das

Ausscheren einzelner Parteien aufgrund von fehlendem Zuspruch oder nicht Berücksichtigung vorhandener Gegebenheiten sind mögliche Risiken.

Je breiter die Akzeptanz der technischen Vorgaben ist, umso schneller können sich Lösungen verbreiten und Nutzen bringen. Natürlich lässt sich eine Verbreitung auch über die Regulation (technische Vorschriften in Gesetzen) vorschreiben was zu einer schnellen Durchdringung des Systems führt, allerdings Anpassungen auf neue Gegebenheiten auch erschwert.